I0822009

Maria-Katharina Lang

Mongolische Ethnographica in Wien

Die Sammlung Hans Leder im Museum für Völkerkunde Wien

ÖSTERREICHISCHE AKADEMIE DER WISSENSCHAFTEN
PHILOSOPHISCH-HISTORISCHE KLASSE
DENKSCHRIFTEN, 398. BAND

Veröffentlichungen zur Sozialanthropologie

Band 13

ÖSTERREICHISCHE AKADEMIE DER WISSENSCHAFTEN
PHILOSOPHISCH-HISTORISCHE KLASSE
DENKSCHRIFTEN, 398. BAND

Maria-Katharina Lang

Mongolische Ethnographica in Wien

Die Sammlung Hans Leder im Museum für Völkerkunde Wien

Wien 2010

Vorgelegt von w. M. ANDRE GINGRICH in der Sitzung am 2. Oktober 2009

Der Forschungsbericht entstand im Rahmen eines durch das
Bundesministerium für Wissenschaft und Forschung
geförderten Einzelprojektes (Projektdauer Juli 2006–November 2007)

Objektfotos:
M.-K. Lang
Fotoatelier KHM (S. 32–33)

Die verwendeten Papiersorten sind aus chlorfrei gebleichtem Zellstoff hergestellt,
frei von säurebildenden Bestandteilen und alterungsbeständig.

ISBN 978-3-7001-6760-0

Gestaltung: Johannes Heuer

Druck und Bindung: Crossdesign Werbeagentur, A-8042 Graz

http://hw.oeaw.ac.at/6760-0
http://verlag.oeaw.ac.at

Inhalt

Einleitung

Die vorliegende Arbeit bildet den Abschlussbericht über das Forschungsprojekt zur Bearbeitung der Sammlung mongolischer Ethnographica[1] des Forschers Hans Leder im Museum für Völkerkunde Wien (2006-07). Ermöglicht wurde die Realisierung dieses Vorhabens durch die dankenswerte Unterstützung des Bundesministeriums für Wissenschaft und Forschung.

Die Auseinandersetzung mit dieser Sammlung begann bereits im Jahr 1995, als ich vor meinem ersten Aufenthalt in der Mongolei Einsicht in die Hans Leder-Sammlung im Depot des Völkerkundemuseums nehmen konnte. Während eines längeren Forschungsaufenthalts im Jahr 1996 führte ich anhand von Objektfotos Gespräche mit Zeitzeuginnen und Zeitzeugen über die Verwendung der Objekte, die durch die Modernisierung und die politischen Repressionen in den späten 30er Jahren des 20. Jahrhunderts großteils aus dem alltäglichen Leben verschwunden waren.

Was unter anderen Aspekten die umfangreiche Sammlung Hans Leders so einzigartig macht, ist, dass durch sie eine Momentaufnahme der religiösen Alltagskultur in der Mongolei um 1900 festgehalten wurde. Dieser Teil der mongolischen Kultur wurde wenige Jahre nach Leders letztem Aufenthalt im Jahr 1906 verdrängt und zu einem großen Teil zerstört. Dies betrifft sowohl das geistige Leben als auch die materielle Kultur. Objekte wurden vernichtet oder verloren ihre Funktion, da das komplexe Ritualleben, dessen Teil sie gewesen waren, radikal unterbunden wurde. Erst seit der demokratischen Wende im Jahr 1990 ist Religionsausübung in der Mongolei auch in der Praxis wieder frei und die dort ausgeübte Hauptreligion stellt der tibetische Buddhismus in seiner mongolischen Form dar. Hatte während der kommunistischen Ära das Abbild eines politischen Führers im sakralen nördlichen Bereich der Jurten einen

1 Die Sammlung besteht in erster Linie aus mongolisch-buddhistischen Ritualobjekten.

Ehrenplatz, so befindet sich heute dort oft wieder der Altarplatz, meist mit einem Foto des 14. Dalai Lama. Fast siebzig Jahre politische Unterdrückung des Buddhismus und Schamanismus haben jedoch eine Lücke im Wissen hinterlassen, die nur im Geheimen und in Form mündlicher sowie teilweise schriftlicher Überlieferungen über die Jahrzehnte hinweg wieder etwas gefüllt werden konnte.

Die Projektarbeit war in unterschiedliche Phasen geteilt. Zunächst ging es darum, eine komplette Fotodokumentation der rund 800 Stücke umfassenden Sammlung in Wien zu erstellen sowie vorhandenes Archivmaterial, Publikationen Hans Leders und relevante Literatur, zu bearbeiten. Im Vorfeld zu diesen Arbeiten wurde bei einem Feldforschungsaufenthalt im Juli 2006 das Vorhaben mit mongolischen Wissenschafterinnen und Wissenschaftern besprochen und einige Plätze am Reiseweg Hans Leders besucht. Bei einem zweiten Feldforschungsaufenthalt im Juni 2007, waren die von der Autorin erstellten Arbeitskataloge zu den Objekten ein wesentliches Instrumentarium zur Identifizierung einzelner Objekte und ihrer Ikonographie. Dies geschah sowohl durch den Vergleich mit Sammlungen in Museen und Galerien in Ulaanbaatar als auch im Zuge zahlreicher Gespräche, die in Museen, der Nationaluniversität, im Cultural Heritage Center, diversen Klöstern, Privatwohnungen und Jurten geführt wurden. Dieser in Gang gesetzte Austausch durch Gespräche über Objekte im engeren Sinn und mongolische Geschichte und individuelle Erlebnisse in einem erweiterten Sinn sind ein wesentlicher und erstrebter Teil dieses Projekts. Anhand einer aufgezeichneten Landkarte mit der Reiseroute Hans Leders von seinem ersten Aufenthalt in der Mongolei im Jahr 1892 konnte ein großer Teil dieses Weges nachvollzogen und einige bedeutende, von Leder beschriebene Orte, wieder aufgefunden werden, was sich insofern als schwierig herausstellte, da die meisten Landschaftsbenennungen und Klosternamen mit den heutigen nicht mehr übereinstimmen und diese teilweise, wenn überhaupt, nur noch als Ruinen vorhanden sind. Beim Nachfahren der Route, die Leder vor mehr als hundert Jahren zuvor mit einer Karawane zu Pferd bereist hatte, war ich Gast in vielen Jurten von Viehzüchterfamilien und führte mit den Bewohnerinnen und Bewohnern Gespräche über heilige Orte in ihrem gewohnten Weidegebiet, beobachtete und hinterfragte den gegenwärtigen Umgang mit sakralen Objekten.

Es gibt kaum noch Zeitzeuginnen und Zeitzeugen für die historisch so markante und zum Teil fatale Periode der späten 30er Jahre des 20.

Jahrhunderts. In einer relativ kurzen Periode von achtzehn Monaten, vom Frühjahr 1937 bis Herbst 1938 wurde das klerikale Leben der Mongolen beinahe ausgelöscht. Dies geschah wohl auf Direktive von Moskau; Ausführende der Zerstörungskampagne, die sich in erster Linie gegen Intellektuelle, sich gegen die Kollektivierungsmaßnahmen wehrende Nomaden sowie Angehörige der Aristokratie, des Schamanentums und des Klerus richtete, waren jedoch vorwiegend Mongolen unter Befehlsherrschaft des mongolischen Marschalls Choibalsan. Es gelang mir mit einigen Zeitzeugen, die noch als Kinder oder sehr junge Menschen die intakten Klöster erlebt hatten, über ihre Erinnerungen an diese Zeit zu sprechen.

Bald nach Einreichung des Projekts kamen einige Objekte nicht nur gedanklich in Bewegung, sondern wurden im Museumsdepot ausgewählt und als Teil der umfassenden Ausstellung „Dschingis Khan und seine Erben“ von April bis November 2006 auf der Schallaburg/NÖ und daran anschließend im Sakip Sabanci Museum in Istanbul ausgestellt. Das „In-Bewegung-Setzen“ der Objekte auf gedanklicher Ebene durch die Bearbeitung der Sammlung sowie die Rekontextualisierung derselben war von Beginn an Intention meiner Auseinandersetzung mit der Sammlung Hans Leder im Depot des Museums für Völkerkunde. Dass sich die Objekte auch real aus dem Museumsdepot hinaus bewegt haben und dies weiterhin tun werden, stellt eine Fortsetzung dieser Idee dar, welche in Folgeprojekten, von Publikationen bis zu einer virtuellen und realen Ausstellung, weitere Verwirklichung erfahren könnte.

Ein wesentliches Ziel des Forschungsprojekts war die Kontaktaufnahme mit Wissenschafterinnen und Wissenschaftern in den europäischen Museen, in welchen sich gegenwärtig Teile der Sammlungen Hans Leders befinden. Die Besichtigung der Objekte im Néprajzi Múzeum in Budapest, der Besuch des Archivs und des Schlesischen Landesmuseums in Opava/Tschechien sowie der Sammlungen im Völkerkundemuseum zu Leipzig, des Linden-Museums in Stuttgart und des Völkerkundemuseum der J. & E. von Portheim Stiftung in Heidelberg ist bereits geschehen; die Sammlungen im Völkerkundemuseum in Hamburg sind auf Grund der dortigen Bauarbeiten erst ab dem Jahr 2010 zugänglich.

Die Basisdokumentation der Hans Leder-Sammlung in Wien und ein erster Überblick über die zugänglichen Sammlungen Hans Leders in europäischen Museen ist mit diesem Projekt erfolgt.

Statue Marschall Choibalsans vor der National Universität in Ulaanbaatar. Foto: M.-K. Lang 2007

Rückblick auf die getätigten Arbeiten in Stichworten

Museum für Völkerkunde Wien (MVK):

- Komplette Fotodokumentation der Sammlung, Zuordnung der Objekte
- Identifizierung nicht nummerierter Objekte
- Zusammenstellung eines Arbeitskatalogs der kompletten Sammlung
- Ikonographische Auswertung
- Bearbeitung des vorhandenen Archivmaterials
- Umfassende Literaturrecherche
- Kontaktaufnahme mit relevanten Museen in Europa, Mongolei

Auslandsaufenthalte in Europa:

- Budapest: Néprajzi Múzeum, Dr. Gábor Wilhelm (Kurator); Dezember 2006
  Recherche im Museum (Depot und Archiv),
  Dokumentation von Objekten
  Konsultation bei Prof. Ágnes Birtalan / Eötvös Loránd Universität Budapest
- Istanbul: Sakip Sabanci Museum: Aufstellung der Objekte aus der Hans Leder Sammlung im Rahmen der Ausstellung „Dschingis Khan" – auf Einladung des Sakip Sabanci Museums; Dezember 2006
- Songeons bei Paris: Young European Mongolists Workshop; Jänner 2007
- Opava: Recherchen im Schlesischen Nationalmuseum und Landesarchiv; Februar 2007

- Stuttgart: Linden-Museum, Dr. Ute Werlich (Kuratorin); Oktober 2007: Objektdokumentation, Bearbeitung des Archivmaterials
- Heidelberg: Völkerkundemuseum der J. & E. von Portheim Stiftung: Dr. Margarethe Pavaloi (Direktorin); Oktober 2007: Objektdokumentation, Bearbeitung des Archivmaterials

Feldforschungen in der Mongolei:

- Feldforschung in Ulaanbaatar, Töw Aimag, Öwörxangai Aimag, Ömnö Gowi Aimag (Juli 2006, drei Wochen)
- Feldforschung in Ulaanbaatar, Töw, Öwörxangai (Erdene dsuu) und Arxangai Aimag (Juni 2007, drei Wochen)

Vorträge zum Projektthema

- "Young European Mongolists Workshop", Songeons bei Paris (4.-7. Jänner 2007)
  "From Entomology to Ethnography. Hans Leder and his collections."
- "Tage der Kultur- und Sozialanthropologie", Institut für Ethnologie, Sozial- und Kulturanthropologie, Universität Wien. (27. April 2007)
  „Ein Projekt über die Mongolei Sammlung Hans Leders im Museum für Völkerkunde Wien. Der Weg des Sammlers, die Bewegung der Objekte."

⊕ Die verwendeten Transkriptionsschemata für die klassische mongolische Schriftsprache (m.) und die 1941 eingeführte mongolisch-kyrillischen Schrift (x.) richten sich nach Chuluunbaatar (Otgonbayar Chuluunbaatar: *Einführung in die mongolischen Schriften.* Buske Verlag, Hamburg 2008). Buddhistische Bezeichnungen in den mongolischen Sprachen sind sehr häufig Lehn- oder Fremdwörter aus dem Tibetischen (t.) und dem Sanskrit (skt.).
Zitate (v.a. von Hans Leder) im Text wurden originalgetreu, ohne die grammatikalische und inhaltliche Richtigkeit zu kommentieren, übernommen.

⊕ Mein besonderer Dank für wichtige Hinweise bei der Verfassung des Projektberichtes und Unterstützung bei der Realisierung der Projektidee gilt: Otgonbayar Chuluunbaatar, Olaf Czaja, Albrecht Czernin, Georg Czernin, Christian Feest, Andre Gingrich, Guntram Hazod, Christian Jahoda, Harald Korb, Lucia Mennel, Anselm Peters, Christian Schicklgruber und Brigitte Winklehner.

Der Sammler Hans Leder (1843 - 1921)

Hans Leder
Foto aus: Jisl 1963

„Wir bekamen immer viel Besuch von den Mongolen, denn ich war für die Meisten gewiss der erste bärtige Europäer, den sie sahen. Sie waren wohl sehr naiv neugierig und verhehlten es gar nicht, aber niemals wurden sie zudringlich oder unverschämt. In respectvoller Entfernung sassen und standen sie im Halbkreise und starrten mich unverwandt an, jeder meiner Bewegungen folgend."[2]

Nicht ethnographische, sondern naturwissenschaftliche, primär entomologische Forschungen waren es, die Hans Leder im Jahr 1892 erstmals in die Mongolei führten. Schon als Kind, so wird es von seinen Zeitgenossen überliefert, hatte Leder eine Sammelleidenschaft für Naturalien. Im Jahr 1843 in Jauernig im damaligen Österreichisch - Schlesien geboren, wuchs Leder als Sohn eines deutschen Kürschners in ärmlichen Verhältnissen auf. Als er acht Jahre alt war, verstarb seine Mutter und erst im Alter von dreizehn Jahren konnte er auf Grund seiner schwachen körperlichen Verfassung in das Gymnasium in Troppau (heute Opava/ Tschechien) eintreten. Trotz guter schulischer Leistungen und seiner wissenschaftlichen Begabung wurde Leder nach Absolvierung der Schule nicht weiter von seinem Vater, der inzwischen wieder geheiratet hatte, unterstützt und konnte sich kein Studium leisten. Leders Versuche, eine seinen Interessen entsprechende Anstellung zu finden, blieben erfolglos und so verließ er Europa und zog 1867 nach Algerien. In Nordafrika und einige Jahre im Kaukasus war er vor allem als Entomologe tätig und konnte damals noch unbekannte Käferarten entdecken.

Im Jahr 1891 wurde Leder im direkten Auftrag des Großfürsten Nikolai Michaijlowitsch Romanow[3], Präsident der kaiserlich russischen geographischen Gesellschaft, nach Südsibirien gesandt, um dort seine Forschungsarbeit - in erster Linie Insekten zu sammeln - fortzusetzen. Als er nach einigen Monaten Aufenthalt im Sajan-Gebirge erkannte, dort nur wenig weitere zoologische Entdeckungen machen zu können, fasste er den Entschluss, weiter nach Süden, in die Mongolei, zu fahren. Im April 1892 brach er von Irkutsk auf, überquerte auf Schlitten den zugefrorenen Baikalsee und reiste schließlich Anfang Mai mit der

Philontus Lederi
(Naturhistorisches Museum Wien)
Foto: Harald Schillhammer

2 Leder, Hans: »Eine Sommerreise in der nördlichen Mongolei im Jahre 1892«. Mitteilungen der k. k. Geographischen Gesellschaft Wien, 38, 1895, S. 48.

3 Großfürst Nikolaj Michaijlowitsch Romanow (1859-1919) war General der zaristischen Armee und Historiker. Als Kind begann er sich für Lepitopterologie zu interessieren und nahm selbst an Expeditionen nach Zentralasien teil. Trotz seiner Kritik an der zaristischen Politik wurde er Opfer der Oktoberrevolution. Hans Leder hatte den jungen Großfürsten in Tiflis kennen gelernt.

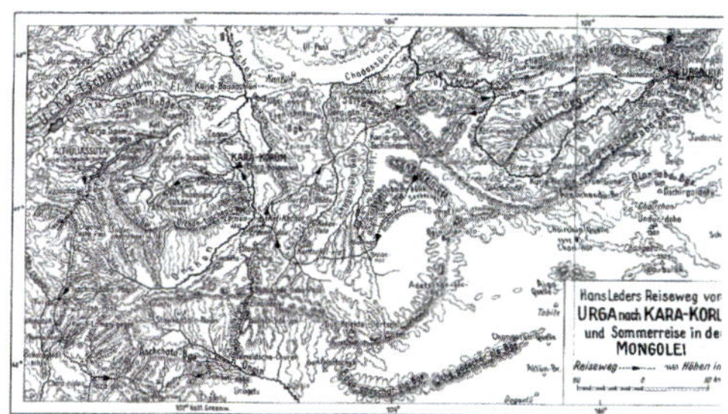

Leders Reiseweg im Jahr 1892
Abb. aus: Jisl 1963

Ansicht von Erdene dsuu um 1900
Foto aus: Leder 1909

Tsam-Tänzer um 1900
Foto aus: Leder 1909

Erdene dsuu 2007
Foto: M.-K. Lang

chinesischen Post nach Urga[4] (heute Ulaanbaatar). Hier organisierte er eine kleine Karawane und heuerte zwei mongolische Mönche als Führer an und brach in Richtung Westen, nach Karakorum (m. Qara Qorum, x. Xarxorin) – die ehemalige Hauptstadt des mongolischen Großreiches, die von Dschingis Khans (x. Chingis Xan) Nachfolger Ögedei gegründet wurde – auf. Nach ungefähr einmonatiger Wanderung erreichte die Karawane das berühmte Kloster Erdene dsuu, unweit der ehemaligen Hauptstadt gelegen und teils aus den Überresten Karakorums erbaut. Von dort ging sein Weg weiter den Fluß Orkhon entlang nach Norden. Dabei gelangte er zu Ruinen, die damals irrtümlich für Ruinen Karakorums gehalten wurden. Leder zweifelte schon damals zu Recht daran – denn, wie heute bekannt ist – handelte es sich um die Überreste Kara-Balgasuns (x. Xar Balgas), der alten Hauptstadt der Uiguren. Von Kara-Balgasun führte sein Weg zum Kloster Sain Gegeen, dann weiter nach Süden und von dort zurück nach Erdene dsuu. Am 21. August wurde er dort Zeuge einer Tsam-Tanz[5] Aufführung.

„Bei Gelegenheit eines der grössten religiösen Jahresfeste, dem „Zamm", das zu Ehren einer gewissen Gruppe von Gottheiten mit besonderer Feierlichkeit, nebst Entfaltung alles kirchlichen Pompes stattfindet und welchem der hiesige Chubilgan, ebenfalls eine göttliche Incarnation, persönlich präsidirte, sah ich allerhand Geräthschaften, Werkzeuge und Waffen, von denen die wenigsten ein mongolisches oder tibetisch-chinesisches, überhaupt asiatisches Gepräge zeigten, sondern entschieden auf europäischen Ursprung hindeuteten.
Unter Anderem fiel mir ein langes, gerades Schwert sogleich auf und als ich es genauer besah, fand ich an demselben richtig in eingelegten alterthümlichen Goldbuchstaben die lateinische Hauptinschrift: „Vincere aut mori" und darüber: „Zur Ehre Gottes" nebst dem Bilde eines gewappneten Ritters zu Pferde."[6]

4 Die Hauptstadt der heutigen Mongolei hatte zahlreiche unterschiedliche Bezeichnungen. Von 1639-1706 wurde diese Örgöö (xalx. Palastjurte), 1706-1911 während der mandschurischen Herrschaft Ix Xüree (x. Großes Kloster) oder Da Xüree (Großes Kloster, „da" ist ein Lehnwort aus dem Chinesischen) genannt. Als Hauptstadt der Mongolischen Volksrepublik trägt diese seit 1924 den auch heute noch aktuellen Namen Ulaanbaatar (x. Roter Held) Die in Europa bekannten Bezeichnungen Urga und Ulan Bator sind die russischen Bezeichnungen von Örgöö und Ulaanbaatar.

5 Tsam-Tanz Aufführungen gehören zu den wichtigsten festlichen Ereignissen im Kalenderjahr der Buddhisten und wurden bei Klöstern öffentlich abgehalten.

6 Leder, Hans: »Reise an den oberen Orchon und zu den Ruinen von Karakorum«. Mittheilungen der k. k. Geographischen Gesellschaft Wien, 38, 1894, S. 407-36.

Leder nahm demnach an, dass es sich hier um Kriegsbeute aus den Feldzügen nach Europa handeln müsse. Heute ist der Klosterkomplex von Erdene dsuu bekanntlich nur noch bruchteilhaft vorhanden, da er, so wie die meisten buddhistischen Klöster der Mongolei, u. a. Zerstörungen in den späten 30er Jahren des 20. Jahrhunderts ausgesetzt war. Mitte August traf Leder wieder in Urga ein.

Leder kehrte nach dieser ersten Reise wieder in den Jahren 1899/1900, 1902 und zum letzten Mal (das 60. Lebensjahr bereits überschritten) 1904/05 in die Mongolei zurück. Von seiner zweiten Reise stammen die ersten Ethnographica seiner Sammlung in Wien.

Nach seinem letzten Aufenthalt in der Mongolei lebte Leder in Troppau, bemüht, seine Sammlungen zu verkaufen, um so seine Familie zu erhalten. Leders Publikationen (diverse Artikel und ein Buch) sowie seine Manuskripte zeigen sein fundiertes Interesse an den Menschen und ihrer Lebensweise, der Religion und Kunst der Mongolei. Seine naturwissenschaftlichen Forschungen traten zu Gunsten ethnographischer Forschung zunehmend in den Hintergrund. Mit den Jahren hatte sich Leder schließlich zu einem gezielten Sammler religiöser und ritueller Kunst der Mongolei entwickelt. Leder schätzte seine Sammlungen auf insgesamt 20 000 Nummern. Die ethnographische Sammlung von Leder umfasst heute rund 5 000 Objekte. Seine Sammlung ist gegenwärtig auf verschiedene europäische Museen verstreut, nämlich: das Museum für Völkerkunde Wien, das Linden-Museum Stuttgart, das Völkerkundemuseum der J. & E. von Portheim-Stiftung Heidelberg, das Grassi Museum für Völkerkunde zu Leipzig, das Völkerkundemuseum Hamburg, das Néprajzi Múzeum Budapest sowie das Náprstek Museum Prag.

Briefe im Museumsarchiv zeugen von Leders finanziellen Schwierigkeiten, die ihn mitunter zwangen, die Sammlung in einer ihm widerstrebenden Art zu teilen, um sie überhaupt verkaufen zu können.

Nicht nur in ihrem Umfang ist die Hans Leder Sammlung einzigartig in Europa. Sie gleicht einer Momentaufnahme der religiösen Alltagskultur in der Mongolei um 1900, akribisch gesammelt, mit einem Blick für das Unscheinbare, einen Mikrokosmos, der oft übersehen wird.

Die Sammlung im MVK Wien

Die Sammlung der von Hans Leder gesammelten Ethnographica im Völkerkundemuseum Wien besteht aus 811 auffindbaren Objekten, wobei sechs der Nummern (Inv. Nr. 65056 - 65061) der Abteilung Westasien zugeordnet sind. Hierbei handelt es sich um einen Helm (Inv. Nr. 65056) und eine Armschiene (Inv. Nr. 65057) aus Elisabethpol in Transkaukasien sowie um vier Gefäße aus Schiefer aus Chorassan. Diese Objekte wurden 1899 von Hans Leder um 100 Kronen angekauft.[7]

Die übrigen Nummern wurden von Hans Leder in der Mongolei gesammelt und zu verschiedenen Zeitpunkten von der damaligen Anthropologisch-Ethnographischen Abteilung des k. k. Naturhistorischen Hofmuseums erworben.

Tsha tsha: Akṣobhya; das erste ethnographische Objekt aus der Sammlung Hans Leder im MVK.
Inv. Nr. 63428

Der erste Teil mongolischer Ethnographica (Inv. Nr. 63428 - 63466), bestehend aus 34 kleinen Buddhafiguren aus Ton (t. *tsha tsha,* m. *čača),* einem Tabakfläschchen aus Urga, einem Stück Ziegeltee, zwei Silberstücken (damals in Urga als Währung verwendet) sowie zwei Seidenstücken (ebenfalls zu der Zeit als Tauschware in Umlauf), ist im Inventarband aus dem Jahr 1898 verzeichnet und wurden damals um 180 Kronen gemeinsam mit acht prähistorischen Fundstücken aus Helenenfeld bei Elisabethpol angekauft.

Der nächste Erwerb seitens des Museums fand 1899 statt. Es handelt sich hier bereits um 210 Nummern, einer getroffenen Auswahl von einer insgesamt etwa um das Doppelte größeren Sammlung, welche Hans Leder dem Museum anbot. Zu diesen Stücken sandte Leder eine am 7. November 1899 in Urga von ihm unterzeichnete Liste mit teils detaillierten Kommentaren zu den einzelnen Objekten nach Wien.

Der letzte Ankauf ist zugleich der umfangreichste, bestehend aus insgesamt 576 Nummern (Inv. Nr. 74648 - 75223), alle in der Mongolei gesammelt und vom Museum 1905 und 1906 um 5 000 Kronen angekauft. Hierzu existiert ebenfalls ein Originalverzeichnis von Leder. Es handelt sich dabei um eine Liste der ethnographischen Sammlung Teil I. Leder hatte eine Dreiteilung seiner Sammlung vorgenommen, wohl auch, um diese überhaupt verkaufen zu können. Aus Teil I der Sammlung Leder musste der damalige Kustos der Abteilung, Dr. Michael Haberlandt, eine weitere Auswahl treffen. Dazu und zu den überaus zähen Versuchen, seine Sammlung zu verkaufen, existiert ein Briefwechsel im Archiv des Museums.

7 Siehe Inventarliste im Archiv des MVK.

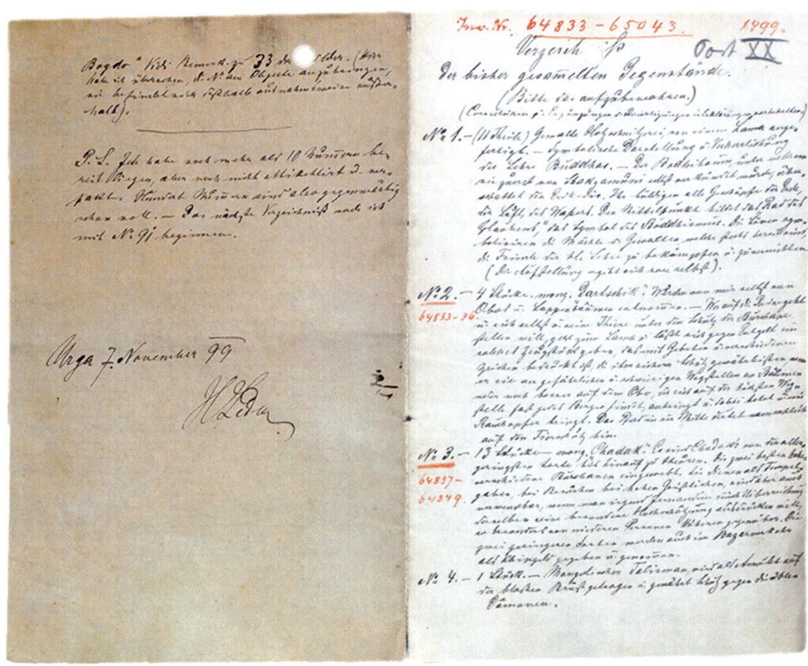

Objektliste von Hans Leder, unterzeichnet in Urga am 7. 11. 1899. Archiv MVK

Im Dezember 1905 schlug Haberlandt seinen Vorgesetzten noch vor, die gesamte Sammlung I, die aus 1 130, unter 295 Inventarnummern zusammengefassten Gegenständen bestand, für das Museum zu erwerben. Als materiellen Wert für diese Sammlung schlug er rund 10.000 Kronen vor. Über die Bedeutung der Sammlung schrieb er in seinem Bericht:

„Die unter 295 Nummern 1 130 Gegenstände zählende Sammlung umfasst in einer großen Anzahl (400) zumeist vortrefflicher alter Bronze- und Tonstatuetten, sowie in einer überaus großen und wertvollen Serie von Tempelbildern auf Seide oder Pergament, resp. Papier das gesamte lamaistische Pantheon, in einer anscheinend großen Vollständigkeit. Eine zweite wertvolle Gruppe in der Sammlung wird von den lamaistischen Kultobjekten gebildet, welche Typen aufweist, die bisher in wenig europäischen Sammlungen, die Russlands ausgenommen, vertreten sein dürften; darunter der vollständige Lamaornat aus Holzschnitzwerken, die seltensten Formen von Gebetmühlen, Dagobs u.s.w. Eine weitere wertvolle Gruppe wird von den Tempelfahnen mit Malereien gebildet; ebenso ist die Anzahl alter lamaistischer Manuskripte und Druckplatten eine sehr bemerkenswerte.

Ob die Sammlung nicht unter sich zusammenhängende Serien von Kultbildern auseinander gerissen aufweist, müsste einer näheren Unter-

suchung vorbehalten bleiben; immerhin spricht die Wahrscheinlichkeit dafür, dass es in dieser Hinsicht von Wert wäre, das gesamte, in 3 Sammlungen zerteilte Material studieren zu können, um eventuelle Remeduren in dieser Hinsicht zu bewerkstelligen.
Jedenfalls ist der wissenschaftliche Wert der Sammlung umso bedeutender, dass es von hohem Gewinn wäre, dieselbe für die ethnographischen Sammlungen des k. k. Naturh. Hofmuseums zu sichern.“[8]

Haberlandt, der den wissenschaftlichen und künstlerischen Wert der Sammlung Leders in ihrer Gesamtheit erkannte[9], musste jedoch eine weitere Teilung derselben vornehmen und lediglich eine Auswahl aus der Sammlung I zusammenstellen. So findet sich im Archiv des Museums ein Verzeichnis dieser Objektauswahl (158 Nummern bzw. 551 Stücke aus Sammlung I sowie 10 Nummern aus Sammlung III und weiters 16 Stück aus Leders Ergänzungssammlung) begleitet von einem Schreiben vom 6. März 1906, in welchem er die weitere Zersplitterung der Sammlung wie folgt kommentierte:

„Dies vorrausgeschickt, kann nicht verschwiegen werden, wie misslich die Aufgabe ist, aus einer der von Herrn Leder ohnedies schon in nicht unbedenklicher Art auseinander sortierten Teilsammlungen nochmals eine zweckentsprechende Auswahl für die anth.- eth. Abteilung des K. K. Hofmuseums vornehmen zu sollen. Eine solche konnte sich nur in der Richtung bewegen, die größtmögliche Anzahl von Typen in der Auswahlsammlung zu vereinigen, ohne bestehende innere Zusammenhänge zwischen den einzelnen Objecten zu zerreißen. Inwieweit dies nicht schon durch die von Herrn Leder vorgenommene Dreiteilung seiner Sammlungen geschehen ist, vermag nun nachträglich nicht festgestellt zu werden. Immerhin sind gewisse Grundsätze, die beim Sammeln lamaistischer Objecte eingehalten werden müssen anscheinend von Leder befolgt worden. So sind beispielsweise Götterbilder ohne ihre Attribute wissenschaftlich meist ganz wertlos: in Leder's Sammlun-

---

8 Archiv Museum für Völkerkunde Wien.

9 Haberlandt stellt die Sammlung Leders, wie seinem Schreiben vom 6.März. 1906 zu entnehmen ist, in eine Reihe mit der Benin Sammlung: *„Von diesen Religions- und Kunstdenkmälern, deren Zahl in Tibet und den angrenzenden Gebieten zwar eine sehr große, aber dennoch im Ganzen beschränkte erscheint, einen instructiven angemessenen Ausschnitt zu besitzen, ist wohl ebenso Pflicht eines jeden ethnographischen Museums, als dies von den etwa vor 10 Jahren zum Vorschein gekommenen Altertümer von Benin gegolten hat.“* Archiv MVK.

gen sind sie überall sorgfältig erhalten. Desgleichen tritt die Struktur der Hagiologie in Tibet, der zufolge gewisse Gruppen von Gottheiten und Heiligen zu 3, 5, 9 u. s. w. überaus häufig und stetig sind, in den Lederschen Sammlungen wohlbehalten zu Tage, weil in ihr die Gruppendarstellungen in Form von Hausaltären, Reliefs in gemeinsamen Rahmen und von Gruppenbildern auf Tempelfahnen u. s. w. unzerstörbar überliefert sind. Allerdings sind gewiss Gruppen höherer Ordnung, die aus mehreren solcher vollständig verbliebenen Untergruppen bestanden haben, in Folge der Lederschen Dreiteilung seiner Sammlung auseinander gefallen.

Die von dem Berichterstatter unter so schwierigen Umständen und vielfach gegen den Einspruch seiner wissenschaftlichen Überzeugung von der Unzulässigkeit eines derartigen Verfahrens vorgenommene Auswahl arbeitete demgemäß wie oben bereits angemerkt, darauf hinaus unter möglichster Schonung eventueller Zusammenhänge die möglichst große Zahl lamaistischer Typen in jeder Art für unsere Sammlungen zu erzielen. Es fehlt in der versuchten Auswahl sowohl keine der in den drei Sammlungen vertretenen Spezialitäten: die verschiedenen Kultgeräte, die priesterlichen Gebrauchsdinge, die auf die ältere Schicht der Bön-Religion bezüglichen Überbleibsel, sodann die wesentlichsten Typen des Pantheons nach ihren drei Hauptklassen (Lamas, Buddhas, Schutzgottheiten) sind in plastischen und malerischen Darstellungen, so vollständig als die Billigkeit gegen den Sammler nur irgend zuließ, zusammengestellt.

Zu diesem Behufe ist aus Sammlung III, sowie aus der Ergänzungssammlung eine Anzahl von Objekten herangezogen worden. Rein äußerlich betrachtet sind aus den 295 Nummern der Sammlung I 158 Nummern mit 551 Stücken ausgewählt worden, wogegen der anderen Hälfte von Sammlung I 137 Nummern mit 652 Stücken verblieben. Die Ergänzungen umfassen zusammen 26 Stück und beziehen sich auf einige allerdings hervorragende Stücke, sowie eine Reihe durch Beschädigung für den Markt entwertete, für ein Museum indessen vollwertig verbliebene Figuren. Der auch in der sorgfältig durchgeführten Einzelschätzung sich ergebende Gesamtwert der ausgewählten Sammlung nach beiliegendem Verzeichnis ergibt die Summe von mindestens 5.000 Kronen.

Neben den ausgezeichneten Repräsentationen des Lamaismus, welche die Museen in St. Petersburg, Berlin, Leipzig, sowie das Museé Guimet in Paris besitzen, ist die aus der eventuellen Erwerbung der fraglichen

Leder´schen Teilsammlung dem Hofmuseum zuwachsenden Bereicherung seiner tibetisch-mongolischen Bestände noch immer eine höchst bescheidenen zu nennen, wenngleich eine ganze Zahl von Stücken in diesem Zuwachs die Bedeutung von Sammlungsunica beanspruchen dürfte.
Aus allen den vorgebrachten Gründen darf die Erwerbung der im mitfolgendem Verzeichnis zusammengestellten Kollektion aus den Leder´schen Sammlungen um den Mindestpreis von 5.000 Kronen einem hohen vorgesetztem Amte als im höchsten Grade wünschenswert und empfehlungswürdig bezeichnet werden.“

Leder konnte sich, wie seinem Antwortschreiben vom 15. März 1906 zu entnehmen ist, mit diesem Angebot nicht einverstanden erklären und schrieb:

„Geehrter Herr Regierungsrat!
Wohl hundertmal habe ich die Sache seit Erhalt Ihres Vorschlages bei Tag und Nacht überlegt und von allen Seiten betrachtet. Der Entschluss ist mir nicht leicht geworden. Aber endlich muss ich Ihnen doch antworten. Ich bin jetzt wie immer Ihnen gegenüber zu größt möglichem Entgegenkommen bereit; Ihre letzte Proposition aber kann ich, ohne nicht eine unwesentliche Änderung daran vorzunehmen, leider nicht kurzer Hand akzeptieren. Ich will vor allem offen und wahr und dann doch auch wieder so kurz und klar als nur möglich sein.
Ich erkläre mich mit einer Halbierung der gewählten Sammlung I einverstanden, d.h. einer Teilung in zwei einander möglichst gleiche Hälften; deren jede den Wert von 5.000 Kronen repräsentieren sollte. Ihr Vorschlag aber ist weniger eine solche Teilung, als vielmehr eine Auswahl. Die Kongruenz der so entstandenen kleineren Sammlungen ist dadurch stark gestört und sichtlich verschoben zu Gunsten Ihrer Auswahl. Die größere Stückzahl des mir verbliebenen Anteiles fällt dabei gar nicht ins Gewicht, wegen deren minderer Qualität. Ich würde derselben als Sammlung entweder gar nicht, oder nur zu einem wesentlich geringeren Preise als 5.000 Kronen verwerten können. Die allerhöchste Schätzung könnte auf kaum 3.000 Kronen lauten, selbst wenn ich ihn durch Stücke aus der Reserve ein wenig auffrischen wollte. Der Schluss aus dieser Sachlage ergibt sich von selbst. Ich bin genötigt, von Ihnen mehr zu verlangen als 5.000 Kronen und zwar beim mäßigsten Ansatze um 1.000 Kronen, also zusammen 6.000 K. Das gäbe

doch immer erst 9.000 K für die ungeteilte Sammlung, für welche Sie mir ja schon 10.000 K zu bewilligen geneigt gewesen waren.
Sollten Sie aber finden, dass die Forderung von 6.000 K nicht annehmbar wäre, so mache ich Ihnen nochmals den Vorschlag, lieber die ganze Sammlung I wie sie ist, um den verringerten Preis von zusammen 9.000 K zu übernehmen, wenn Sie mir in Kürze, jedenfalls aber noch vor Ostern 5.000 K oder einen größeren Teilbetrag auszahlen können, während der Rest von 4.000 K in jährlichen Raten von je 1.000 K oder in anderer Weise nachgetragen werden könnten.
Weiter bin ich zu meinem Leidwesen nicht im Stande, Ihnen die angeführten Stücke aus Sammlung III abzutreten, nicht deshalb, weil ich so großen Wert darauf legen würde, als vielmehr, weil die Verzeichnisse bereits in den Händen von Interessenten sind, denen gegenüber ich das Fehlen der besagten Nummern nur schwer rechtfertigen könnte. Hingegen ließe sich reden über die Abtretung einer Anzahl von Stücken aus der nicht nummerierten Reserve, wenn auch vielleicht nicht genau alle jene, die Sie erwähnt haben.
Ich habe die größte Hochachtung vor Ihrem Rechtsempfinden und halte es darum für ausgeschlossen, dass Sie die Gründe meiner obigen Auslassungen nicht vollwürdigen oder dieselben etwa gar missdeuten könnten. Ich will Sie auch erinnern, dass ich diesmal leider nicht ganz unabhängig bin, sondern einen Teilhaber habe, auf den ich in erster Linie resp. auf dessen Anteil Rücksicht nehmen muss. Sonst möchte vielleicht manches etwas anders sein können.
Um Ihnen aber zu beweisen, dass ich Ihnen gegenüber wirklich von dem größten Entgegenkommen beseelt bin u. lebhaft wünsche, dass endlich einmal eine Sammlung von mir in Wien bleibt, will ich Ihnen sagen, dass nach einer kürzlichen Mitteilung von Seiten des Herrn Dr. Schmeltz aus Leiden, mit dem ich, wie Sie bereits wissen, wegen Ankaufes meiner Sammlungen unterhandelte, Ihre Majestät die Königin der Niederlande den Ankauf meiner Sammlungen auf Grundlage des von mir angegebenen Preises von 40.000 MK für alle drei Sammlungen im Prinzipe gebilligt hat. Herr Direktor Dr. Sch. gedenkt gleich nach Ostern nach Österreich zu kommen und ich zweifle nicht daran, dass wir bald handelseins werden. Und wenn ich auch einen Nachlass am Preise bewilligen müsste, so wird derselbe doch in keinem Falle unter 10.000 MK per Sammlung kommen. Sollten Sie bis dahin sich entschlossen haben, die Sammlung I (was mir viel lieber wäre als nur Ihre Auswahl) unter den obigen Bedingungen für nur 9.000 Kronen für

Wien zu sichern, so wäre sie eben verkauft und ich würde mich trotz der Mindereinnahme von mindestens 2.600 K nur freuen.
In der Erwartung, dass sich dieser Wunsch ganz erfüllen möge, bitte ich Sie, den Ausdruck der größten Hochachtung zu genehmigen, von Ihrem
Ganz ergebenen H. Leder"

Hans Leders Wunsch erfüllte sich nicht ganz, denn letztendlich nahm ihm das Museum lediglich die von Haberlandt getroffene Auswahl aus seiner Sammlung I zum Preis von 5.000 Kronen ab. Anhand des Archivmaterials des Museums für Völkerkunde zu Leipzig wissen wir, dass er sich nach seiner letzten Reise (1904/1905) finanziell in einer äußerst prekären Lage befand und schließlich gezwungen war, seine Sammlungen weit unter seinen Wertvorstellungen zu verkaufen. Seiner Verzweiflung gibt er schließlich in der Korrespondenz mit dem Museum in Leipzig drastisch Ausdruck und schrieb unter anderem:

„Meine Gläubiger umlagern mich wie eine Meute hungriger Wölfe.
In fast völliger Hoffnungslosigkeit, bestürmt von allen Seiten durch ungeduldige Gläubiger, umgeben von einer notleidenden Familie, bin ich eine Beute der Verzweiflung. Ich muß verkaufen um jeden Preis, oder ich bin diesmal unrettbar verloren."[10]

Im Inventarband von 1905 findet sich unter „Varia" ein einzelnes Objekt Leders: „Seidentuch von Urga" betitelt. Es hat die Inventarnummer 74027 und ist als „Geschenktuch Khatak" verzeichnet. Die Beschreibung dazu lautet: *Das Khatak ist ein feines weißes Seidengewebe, mit eingewebten Mustern, Bordüren und tibetischen Inschriften, an den Schmalseiten mit langen Seidenfransen versehen (L.: 3m, B.: 0,73m).* Folgender Vermerk ist hier zu lesen:

„Dasselbe umgab ein gedrucktes Buch, die Werke des Dichters Milarepa enthaltend, das von dem Reisenden Hans Leder als Geschenk für Seine Majestät bestimmt war. Das Buch kam in die k.k. Hofbibliothek."

Nicht vermerkt ist im Inventarband, dass es sich bei den ursprünglich im Khatak (m. *xadag*) eingewickelten Schriften um ein Geschenk des 13. Dalai Lamas handelt. Leder selbst hatte den 13. Dalai Lama bei seinem Aufenthalt in Urga im Winter 1904 ersuchen lassen, ihm die

10 Korrespondenz im Archiv des Museums für Völkerkunde zu Leipzig.

Der 13. Dalai Lama Thubten Gyatso etwa 1904.
Foto aus: Leder 1909

Werke Milarepas[11] zu geben, um sie in seinem Namen der kaiserlichen Hofbibliothek in Wien zu überreichen. Der Dalai Lama ließ Leder auf seine Bitte hin vier ganz neue Bücher überbringen, welche von Leder folgendermaßen beschrieben werden:

„Die einzelnen Blätter sind etwa 10 cm breit und gegen 75 cm lang und an der linken Schmalseite mit einem Faden leicht geheftet. Es sind Holzschnittdrucke, bei denen der Text je einer ganzen Seite in ein Brettchen eingeschnitten wird. Eines dieser Bücher handelt von unserem tibetischen Dichter-Philosophen, denn sein Bildchen ist, wie das so üblich, dem Texte als Anfangsvignette vorgedruckt, während die drei übrigen Bücher Teile aus dem Gandschur, den buddhistischen kanonischen Schriften, deren es im Ganzen 108 Bände gibt, enthalten. Hoffentlich findet sich in nicht allzu ferner Zeit ein berufener Übersetzer.“[12]

Leder zu Folge gab es zum damaligen Zeitpunkt noch keine Werke Milarepas in europäischen Bibliotheken.

Milarepa (m. Milarayiba, t. Mi la ras pa)
Mongolei, 19. Jahrhundert, Ton bemalt;
H: 10 cm, Inv. Nr. Inv. 64860
Der berühmte tibetische Mystiker und Dichter sitzt mit aufgestelltem Bein auf einem Tierfell. Er hat die Rechte zum Ohr erhoben, um die Stimme des Dharma in der Natur zu hören. In seiner Linken hält er eine gefüllte Schädelschale (skt. *kapāla*), welche ihn als Gelehrten ausweist. Er trägt einen weißen Meditationsgurt. Sein Mund ist zum Gesang geöffnet.
„Auf den öffentlichen Altären, Churds oder Gebetszylindern und Dagabas, überhaupt an allen Orten, an denen Opfergaben hingelegt werden, fand ich oft kleine gemalte Tonstatuetten oder Bilder, die einen Heiligen zeigten, zwar auch in sitzender, aber nicht in der traditionellen Buddhastellung mit unterlegten, gekreuzten Beinen, sondern viel zwangloser, statt des Lotosthrones eine Tierhaut unter sich, den Kopf auf die rechte Hand gestützt und mit langen, aufgelösten Haaren. Um ihn herum standen oder lagen viele Tiere aller Art, Vierfüßler und Vögel, wilde und zahme, auch kniende Menschen, sämtlich die Köpfe ihm zugewandt, als ob sie alle seinen Reden aufmerksam lauschten. Das war der Heilige Mila-rapa, ein indischer Mönch, der im XI. Jahrhundert nach Tibet gekommen war, um zwanglos zu lehren, indem er nicht in klösterlicher Gemeinschaft lebte, sondern von Ort zu Ort zog, sich aufhielt wo es ihm gefiel, und wieder aufbrach, wenn es ihm beliebte (...). Dieser Mann ist dadurch merkwürdig, dass er ein geborener Dichter gewesen sein soll. Er unterhielt seine Zuhörer in Sprüchen, Gleichnissen oder Fabeln, die jedes Mal mit einer gereimten Improvisation schlossen, oder er sprach auch in ganzen längeren Gedichten. Ihm werden zwei Hauptwerke zugeschrieben, eine in Prosa verfasste Autobiographie oder Namtar, und eine Sammlung von kleinen Geschichten in Versen, genannt Lu-bum oder „Hunderttausend Lieder“. Besonders die letzteren erfreuen sich bis zum heutigen Tage einer großen Beliebtheit und sind im Volke außerordentlich verbreitet.“ (Leder 1909: 33f.)

11 Berühmter Mystiker, Yogi und Dichter (1040-1123). Milarepa ist vor allem durch sein Werk „Hundertausend Lieder“ (t. *mgur 'bum*) bekannt geworden.

12 Leder, Hans: *Das geheimnisvolle Tibet.* Leipzig, Th. Grieben's Verlag, 1909. S. 35-36.

Die Objekte

Die Sammlung besteht vorwiegend aus sehr kleinen Objekten. Es fehlen Objekte wie etwa größere Skulpturen, Masken, Textilien oder Haushaltsgeräte. Dies mag einerseits eine Folge von Hans Leders ökonomischer Situation gewesen sein, andererseits aber auch Ausdruck seines Interesses für den tibetischen Buddhismus in der Mongolei mit speziellem Augenmerk auf den gelebten Glauben der Bevölkerung. Er selbst beschreibt seine Sammlung im Linden-Museum in Stuttgart mit folgenden Worten:

„Als ein ganz besonderer Vorzug der weitaus meisten der in dieser Sammlung enthaltenen Gegenstände verdient aber auch der Umstand erwähnt zu werden, dass sie, als entweder direkt aus den Tempeln und von den Altären oder aus dem Besitze von Priestern und Gläubigen stammend, als kulturell durchaus vollwertig angesehen werden müssen, da sie noch in genau demselben Zustand sich befinden und mit all den Eigentümlichkeiten versehen sind, wie es die Liturgie und die religiöse Vorschrift eben verlangt."[13]

Leder fügte seinen Sammlungen akkurate Objektlisten bei. Jedes Objekt erhielt eine Nummer (wobei öfters mehrere Objekte unter einer Nummer zusammengefasst sind), Materialbeschreibung, Größenangabe und, nach Möglichkeit, die landesübliche Bezeichnung. Außerdem sind in den Objektlisten immer wieder Anmerkungen eingetragen, die Auskunft über Verwendung oder Herkunft der Objekte geben. Leders Aufzeichnungen sind oftmals bei weitem genauer und authentischer als die des damaligen Kustos Dr. Haberlandt gemachten Eintragungen im Inventarband. Diese beziehen sich auf die allgemein tibetisch-buddhistische Ikonographie, nicht aber auf die mongolischen Eigenheiten. Leder arbeitete zusammen mit mongolischen Mönchen an der Beschreibung der Objekte und transkribierte die mongolische Aussprache mit deren Hilfe. Bereits für seine zweite Reise in die Mongolei eignete er sich Kenntnisse der mongolischen Sprache an.[14]

Bewusst legte er große Objektgruppen an, die in sich das vielfältige mongolisch-buddhistische Pantheon repräsentierten. Bedauerlicherweise wurden kohärente Objektgruppen mehrfach durch die vorgenommenen Teilungen seiner Sammlungen auseinander gerissen. Schon zum Zeitpunkt ihrer Inventarisierung wurden die von Hans Leder erworbenen

13 Archiv Linden-Museum, Stuttgart.

14 Laut einem Zeitungsabschnitt (undatiert, ca. 1899) im staatlichen Archiv von Opava besaß Leder mongolische Sprachkenntnisse.

Stücke in Gruppen geordnet. Innerhalb der so entstandenen größeren Objektgruppen, wurden die Objekte wiederum nach materieller Beschaffenheit oder nach ihrem Rang im buddhistischen Pantheon in Untergruppen gegliedert. Einen Überblick auf die gesamte Sammlung bietet der im Rahmen des Projektes angelegte Bildkatalog mit Arbeitsfotos im Museum für Völkerkunde Wien. Hier wird die oben beschriebene Einordnung der Objekte sichtbar. Die von Hans Leder in seinen Inventarlisten vorgenommene Nummerierung konnte nicht beibehalten werden, da, wie bereits erwähnt, nicht sämtliche, sondern nur ein Teil der Objekte erworben wurde. Leders Nummerierung ist jedoch in Klammern angeführt.

Um einen Einblick in die Sammlung zu geben, werden im Folgenden Objektgruppen kurz beschrieben und mit ausgewählten Objektfotos illustriert.

Tsha tsha (m. *čača*, x. *cac*): Akṣobhya (m. Agšubi) Mongolei, 19. Jahrhundert Ton gebrannt, H: 4 cm Inv. Nr. Inv. 63428-63457 Die ersten mongolischen Objekte von Hans Leder in der Sammlung bilden diese Gruppe unbemalter, gebrannter Tsha tsha, gesammelt 1899. Sie stellen Buddha Akṣobhya dar, den Buddha des Ostens aus der Gruppe der fünf transzendenten Buddhas. Er sitzt auf dem Lotusthron und hält einen Vajra in seiner Linken. Seine rechte Hand weist zur Erde.

Zanabazar (Dsanabadsar; Öndör Gegeen)
Mongolei vor 1900
Tonrelief, gebrannt und bemalt
H: 6 cm, Inv. Nr. 74739
Seltene und alte Darstellung Zanabazars (1635-1723); der erste Bogd Gegeen (Jebtsundamba Khutuktu) und berühmter Gelehrter und Künstler der Mongolei.

Stupas (m. *suburɣan*) in Erdene dsuu
Mongolei um 1900
Foto aus: Leder 1909

Āryāvalokita (m. Ariyabalu)
Mongolei vor 1900
Tonrelief; gebrannt und bemalt, vergoldet
H: 20,8 cm, Inv. Nr. 74932
Diese große Reliefarbeit zeigt den elfköpfigen Avalokiteśvara, umgeben von Manjuśrī (links unten) und Vajrapāṇi (rechts unten) sowie zwei Stupas.

Objektgruppen

Tsha tsha (m. *čača*, x. *cac*)

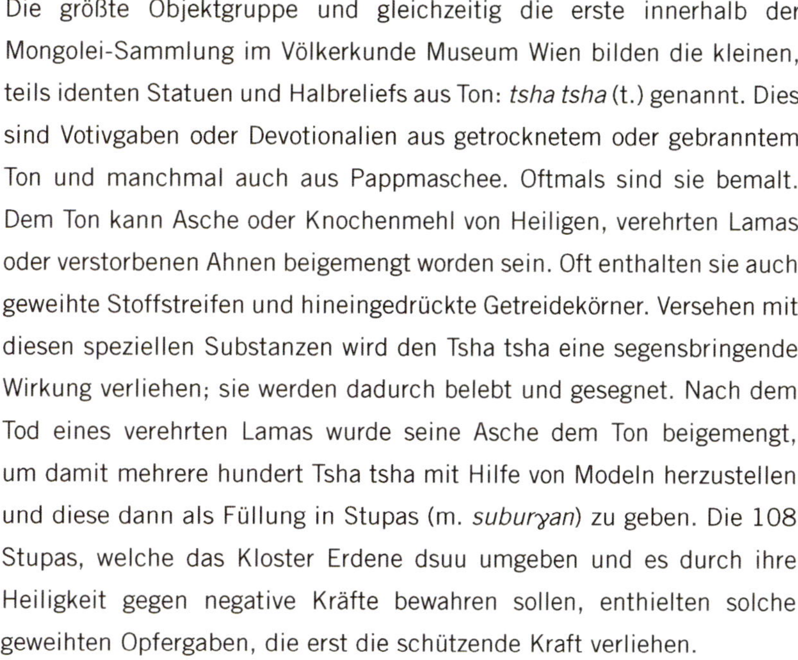

Die größte Objektgruppe und gleichzeitig die erste innerhalb der Mongolei-Sammlung im Völkerkunde Museum Wien bilden die kleinen, teils identen Statuen und Halbreliefs aus Ton: *tsha tsha* (t.) genannt. Dies sind Votivgaben oder Devotionalien aus getrocknetem oder gebranntem Ton und manchmal auch aus Pappmaschee. Oftmals sind sie bemalt. Dem Ton kann Asche oder Knochenmehl von Heiligen, verehrten Lamas oder verstorbenen Ahnen beigemengt worden sein. Oft enthalten sie auch geweihte Stoffstreifen und hineingedrückte Getreidekörner. Versehen mit diesen speziellen Substanzen wird den Tsha tsha eine segensbringende Wirkung verliehen; sie werden dadurch belebt und gesegnet. Nach dem Tod eines verehrten Lamas wurde seine Asche dem Ton beigemengt, um damit mehrere hundert Tsha tsha mit Hilfe von Modeln herzustellen und diese dann als Füllung in Stupas (m. *suburɣan*) zu geben. Die 108 Stupas, welche das Kloster Erdene dsuu umgeben und es durch ihre Heiligkeit gegen negative Kräfte bewahren sollen, enthielten solche geweihten Opfergaben, die erst die schützende Kraft verliehen.

Die Herstellung der Tsha tsha ist ein von festgelegten Riten begleiteter Prozess. Erst durch die Ausübung der Weiherituale wird das Abbild hervorgerufen, dem die dargestellte Gottheit sodann innewohnt.

Die ältesten Tsha tsha wurden an indischen Pilgerstätten gefunden. Von dort wurden sie als Souvenirs von Pilgern wahrscheinlich nach Tibet mitgenommen und mit der Verbreitung des Buddhismus gelangten sie weiter in die Mongolei. Sie werden an sakralen Plätzen, in oder um Stupas,

Āryāvalokita
Mongolei um 1900
Tonrelief, gebrannt und bemalt, vergoldet
H: 7,6 cm
Inv. Nr. 74 793

Avalokiteśvara
(m. Janraiseg)
Mongolei vor 1900
Tonrelief, gebrannt und bemalt, vergoldet,
H: 6,8 cm, Inv. Nr. 74 782
Auf dem Lotusthron sitzend dargestellt, über dem Haupt eine Darstellung von Buddha Amitābha.

Grüne Tārā (m. Noɣuɣan dara eke)
Mongolei um 1900
Ton gebrannt,
H: 4 cm, Inv. Nr. 74821
Die Göttin Grüne Tārā ist als zentrale Schutzpatronin des tibetischen Buddhismus auch eine der beliebtesten Göttinnen der Mongolei, die bei unterschiedlichsten Gelegenheiten um Hilfe gebeten wird.

Śrīdevī (t. dPal ldan lha mo, m. Ökin tenggeri)
Mongolei 18./19.Jahrhundert
Tonrelief, gebrannt und bemalt, vergoldet
H: 8,5 cm, Inv. Nr. 74929
Dieses aufwendig gestaltete Tonrelief zeigt die einzige weibliche Schutzgottheit der Gruppe der „acht Dharmapāla" (Beschützer der Lehre) mit Makaravaktrā (links) und Siṁhavatrā (rechts) als ihre Begleiterinnen.

Sitātapatrā; die Göttin mit dem weißen Schirm (m. čaɣaɣan sikürtü)
Mongolei vor 1900,
auf Leinwand gemalt
H: 4 cm, Inv. Nr. 64980
Die Göttin gehört zur Gruppe der Bodhisattvas; dargestellt wird sie mit weißer Hautfarbe, drittem Auge, in verschränkter Sitzhaltung, auf einem Lotusthron sitzend. Der Schirm, den sie in der Linken hält, hat sie im Volksglauben zu einer Behüterin vor Schaden und Helferin bei Gefahren aller Art gemacht. Die rechte Hand ist in der Verzichtsgeste (śramaṇamudrā) abgewinkelt.

als Füllung von Statuen, auf Altären, in Höhlen, auf Passhöhen, Wegkreuzungen und anderen markanten Stellen in der Landschaft deponiert. Diese Plätze werden dadurch sakral aufgeladen; die Menschen erhoffen sich durch diese Opfergaben ein positives Schicksal.

Oft wurden bzw. werden Tsha tsha von Lamas an die Gläubigen verteilt. Zahlreiche Gottheiten werden in diesen Abdrücken dargestellt, sodass die Tsha tsha als Gruppe in sich schon eine kleine Galerie des mongolisch-buddhistischen Pantheons darstellen. Trotz ihrer Kleinheit sind manche Tsha tsha sehr detailgetreue Kunstwerke, die sich dem Betrachter erst bei genauerer Betrachtung offenbaren.

Während kleine Abdrücke als Schutz gewährende Gegenstände in Amulettkästchen getragen werden, haben größere gerahmt auf dem Altar ihren Platz.

Tsakli oder Tsakali (m.*takilɣ-a jiruɣ*)

„Tsagali; Initiationskarten, kleine gemalte Karten, die während tantrischen Initiationszeremonien verwendet wurden."[15]

Ritualkarten (t. *tsa ka li*) stellen eine besonders umfassende und interessante Objektgruppe innerhalb der Sammlung dar. Auf Leinwand oder handgeschöpftes Papier gemalt, sind sie von ganz unterschiedlicher technischer und künstlerischer Qualität. Insgesamt gesehen repräsentieren diese auf kleines Format konzentrierten Arbeiten das mongolisch-buddhistischen Pantheon in seinen verschiedenen hierachischen Ebenen in beeindruckender Weise.[16] An oberster Stelle stehen die erleuchteten Lehrer (t. *bla ma*), gefolgt von den tantrischen Meditationsgottheiten (t. *yidam*) und den Buddhagestalten in ihren unterschiedlichen Erscheinungsformen, die untereinander ebenfalls hierarchisch geordnet sind. Auf der nächsten untergeordneten Stufe steht die Gruppe der Bodhisattvas, gefolgt von Schutzgottheiten, Dakinis, Arhats u. a. In die untere Ebene fallen auch die Dharmapúla – viele von ihnen ehemals vorbuddhistische Gottheiten – die zum Buddhismus konvertiert und als Schutzgottheiten der Lehre eingesetzt wurden. Sie sind die umfangreichste Gruppe und spielen im rituellen Leben eine wesentliche Rolle.

15 Bemerkung Leders; Objektliste aus dem Jahr 1899, Archiv MVK.

16 Eine Auswahl von 108 Tsakli war 2006 in der Ausstellung „Dschingis Khan und seine Erben" auf der Schallaburg zu sehen.

Dam can mGar ba nag po
(t., m. Darqan kümün burqan)
Mongolei 18./19. Jahrhundert,
auf Leinwand gemalt,
H: 8 cm, Inv. Nr. 64977

Garuḍa (m.γaruda)
Mongolei 18.,/19. Jahrhundert; auf Leinwand gemalt,
H: 11 cm, Inv. Nr. 75132
Garuḍa gilt im Hinduismus und Buddhismus als göttliches Wesen und Himmelsherr, der in Tibet mit dem mythischen *khyung* Vogel aus der vorbuddhistischen Religion gleichgesetzt wurde. Er fungiert als Beschützer der vier Himmelsrichtungen und gilt als Widersacher der *nāga*, der Schlangengeister. Garuḍa wurde ebenso in das mongolische Pantheon aufgenommen und mit älteren indigenen Vorstellungen vermischt. In seiner Funktion als Beschützer des Himmels hat die mythische Gestalt Garuḍas die Mongolen sehr angesprochen, deren indigener Glaube die Verehrung des »ewigen blauen Himmels« (*köke möngke tenggeri*) als Zentrum hat. Im mongolischen Tsam -Tanz kommt Garuḍa die Rolle eines der Beschützer der vier Berge zu, eine Gruppe lokaler Gestalten, die ihre Wurzeln im mongolischen Schamanismus haben. Garuḍa gilt als besonderer Schutzgott des Bogd Uul, des heiligen Berges südlich der Hauptstadt Ulaanbaatar.

Die Gruppe der Ortsgottheiten gehört zu den rangniedrigsten Gottheiten. Sie sind für weltliche Angelegenheiten zuständig und werden als Helfer in verschiedenen Lebenssituationen angerufen. Viele von ihnen sind vorbuddhistischen Ursprungs und waren schon vor ihrer Unterwerfung beispielsweise Berggottheiten. Im unteren Bereich des Pantheon werden auch die übrigen Gottheiten, die Götter der Astrologie, Heilige und Dämonen eingegliedert. Vertreter aus all den genannten Kategorien sind in der Sammlung Hans Leder enthalten.

„101 Stück kleine Burchanenbilder in roher Ausführung auf Papier. Alle sind auf der Rückseite nummeriert u. folgen hier die mongolischen Namen. Jedes Bild trägt außerdem seinen Namen in mong. Schrift u. Sprache, wie üblich, auf der Rückseite. Die drei letzten (99, 100, 101) sind selbstverständlich keine Burchane. Diese Bilder sind u. a. darum interessant, dass sie viele Gottheiten zeigen, denen man sonst sehr selten begegnet.“[17]

Es ist auffallend, dass die Bilder der oberen Kategorien auf Leinwand gemalt sind, während als Bildgrund für niedere Kategorien meist Papier verwendet wurde.

Im Gegensatz zu den größeren Thangka-Malereien, auf welchen häufig Gottheiten mit ihren Nebenfiguren dargestellt werden, sind diese Gruppendarstellungen auf Tsakli (schon auf Grund des kleinen Formats) selten. Dafür sind Tsakli oftmals in Sets zusammengefasst, die spezielle Gottheiten, Heilige und Symbole des tibetischen Buddhismus darstellen.

So wie bei der Herstellung der oben beschriebenen Tsha tsha folgen die anonymen Künstler (Mönche) bei der Produktion der Tsakli ebenfalls strikten Vorgaben und stimmen sich unter Einhaltung vorgeschriebener Riten auf das Malen der Bilder ein. Idealerweise sollte dies in völliger Zurückgezogenheit, an einem heiligen Ort, zu einer astrologisch berechneten Zeit stattfinden. Nach Fertigstellung werden die Tsakli oftmals auf der Rückseite mit selten übersetzbaren mystischen Silbenreihen oder Bannformeln (skt. *dhāraṇī*) versehen. Auf diese Weise werden die Bilder belebt und somit wirksam.[18]

Unter Verwendung von Schablonen aus Metall, Papier oder Holz können die Konturen der Miniaturbilder vorgezeichnet werden, um der Ikono-

17 Bemerkung von Hans Leder zu Inv. 64863-65963; Objektliste aus dem Jahr 1899, Archiv MVK.

18 Vgl. Hummel 1959, Bentor 1996.

Abb. S. 32
Tierkreiszeichen
Mongolei vor 1899, Tusche auf handgeschöpftem Papier,
H: 6 cm, Inv. Nr. 64927-64941
Die auf der vorherigen Seite dargestellten 15 bösen Geister (m. *arban tabun ada*, x. *arwan tawan ad*) können kleinen Kindern schaden.

Garuḍa, Drache, Tiger und Löwe
(m. *γaruda*, *luu*, *bars* und *arsalan)*
Mongolei um 1899, auf handgeschöpftem Papier,
H: 8 cm, Inv. Nr. 64913, 64961-63
Die vier, den Himmelsrichtungen zugeordneten Schutztiere.

graphie, den festgelegten Maßen gerecht zu werden. Einige unfertige Malereien in Leders Sammlungen, veranschaulichen den geschichteten Aufbau der Werke; möglicherweise wurden sie von Leder auch mit der Intention, den Herstellungsprozess sichtbar zu machen, gesammelt.[19] Mit Pinseln aus Kaninchenhaar wurde vorwiegend mit Temperafarben auf eine (mit Stein, Eberzahn oder Muschel) polierte Kalk-Leim Grundierung gemalt. Als Pigmente dienten Mineralfarben aus Persien und Tibet sowie Pflanzenfarben aus Indien und China.[20]

Trotz der festgeschriebenen Ikonographie lassen sich doch immer wieder gestalterische Freiheiten und lokale Eigenheiten, die vom Kanon abweichen, erkennen – etwa in der Farbauswahl und dem Pinselstrich. Chinesische Tsakli sind manchmal leicht von mongolischen zu unterscheiden. Handelt es sich um Kopien, die ohne Einhaltung religiöser Vorschriften entstanden sind, fehlt ihnen der meditative Charakter tibetischer oder mongolischer Arbeiten. Auch anhand der Farbgebung sind Unterschiede festzustellen. Chinesische Miniaturmalereien sind in grelleren Farben gehalten. Typisch ist etwa die Vorliebe für einen grell rosafarbenen Ton, der in mongolischen Malereien nicht aufscheint.

Eine exakte Datierung der Arbeiten vorzunehmen, ist nicht möglich. Die meisten Bilder sind wohl Mitte des 19. Jahrhunderts entstanden, manche sind älter und einige der Bildergruppen waren sicher zum Zeitpunkt des Erwerbs neu oder wurden möglicherweise direkt von Leder in Auftrag gegeben. In seiner Objektliste schreibt Leder:

„Die 3 vorstehenden Nummern sind auf Leinwand von hiesigen Lamen gemalte Burchanbilder in theils roherer theils feinerer Ausführung. Die zusammengesetzten sowohl wie die nur eine Figur enthaltenden Bilder sind in keinem Falle willkürliche Kompositionen der Künstler, sondern in der Hauptsache feststehende, durch den Kult geheiligte u. überall im Geltungsbereiche des Lamaismus bis auf unwesentliche Abweichungen in gleicher Weise wiederkehrende Darstellungen, welche ihre besonderen Bezeichnungen u. Benennungen haben. Diese überall gleichen Benennungen folgen unter den nachstehenden Ziffern, mit denen jedes Bild von mir auf der Rückseite bezeichnet wurde, in mongolischer Sprache.“[21]

19 Z. B. Inv. Nr. 75005.

20 Vgl. Hummel 1959; Jackson 1988.

21 Bemerkung Leders zu Inv. Nr. 64986- 65013; Objektliste aus dem Jahr 1899, Archiv MVK.

Tsakli finden Verwendung als Visualisierungshilfe bei der Meditation, bei Initiationsriten, rituellen Zeremonien und Belehrungen sowie in gerahmter Form als Schutzamulette.

Größere Miniaturbilder wurden eingerahmt im Norden der Jurte (*ger*) am Altarplatz (m. *qoyimor*, x. *xoimor*) platziert. Kleinere gerahmte Ikonen dienten, direkt am Körper getragen, als Schutzamulette. Reisende trugen auch mehrere Amulette, um nach allen Richtungen hin geschützt zu sein.

Amulette (m. *γau*; x. *guu*; tib. *ga'u*)

Sowohl Tsha tsha (Tondevotionalen) als auch Tsakli (Ritualkarten) mit Darstellungen von Gottheiten gewähren Schutz gegen Unheil und Katastrophen. Die Menschen trugen und tragen solche Bilder und Abdrucke in Amulettbehältern um den Hals, am Gürtel und um die Schulter, oder bewahren sie am Altarplatz in den Jurten. Manchmal sind sie auch in kleine transportable Schreine eingeklebt. Die Maße der Amulettbehälter entsprechen dabei den Größen der Miniaturen. Hans Leder bemerkt zu einigen Tsakli seiner Sammlung:

„In dieser kleinen Form dienen sie meistens in Rahmen eingelegt, als Amulett, u. werden mit einer Schnur oder Band um den Hals gehängt, auf der Brust getragen, sie heißen dann "Burchani-Gú", von denen jeder Mongole u. Mongolin, reich u. arm, mit verschiedener Ausstattung, eines mit einem besonderen Patron, stets trägt."[22]

Amulette sind Phänomene an der Grenze zwischen Magie und religiösem Leben und gehören zum Alltagsleben der Mongolinnen und Mongolen. Sie sind wirksam, wenn sie im direkten Kontakt mit dem Körper sind. Kleinere Exemplare wurden, in Lederstücke eingenäht, um den Hals getragen. Eine einzelne Person trug manchmal mehrere Schutzamulette, um diverse Gefahren abzuwehren. Während kleinere Amulette direkt am Körper getragen wurden, hatten die größeren ihren Platz im sakralen Bereich der Jurte, um dort ihre schützende Funktion zu entfalten. Größere Amulettbehälter wurden auch vor ihren Besitzern bei großen religiösen Festen hergetragen. Für Mongolinnen gehörten kleine Amulette, wie die von Hans Leder beschriebenen, zum Alltagsschmuck. Der Schutz vor

22 Bemerkung Leders zu Inv. Nr. 64986-65013; Objektliste aus dem Jahr 1899, Archiv MVK.

Amulett (x. *guu*)
Mongolei vor 1899
Silberrahmen mit Miniaturbild (Tsakli), H: 1 cm, Inv. Nr. 65042

„Burchani-Gu" aus Silber, wie sie wohlhabendere Frauen und Mädchen tragen (..) Die Figur der Götter in deren Mitte ist nur per Vergrößerung zu erkennen." (Leder Objektliste 1889)

Amulett
Mongolei vor 1899
Rahmen aus Messing mit Miniaturbild Vajrapāṇi (m. Očirbani) darstellend.
H: 3,5 cm, Inv. Nr. 75039

schädlichen Geistern wurde auf die Tiere, welche die Lebensgrundlage der mongolischen Viehzüchter darstellen, ausgeweitet. So gab es eigens für Tiere geweihte Amulette; beispielsweise trugen Yaks, die ihre Herde leiteten, ebenfalls Amulettkästchen.

Neben den rechteckigen Amulettkästchen, die um 1900 beliebt waren, existierten noch weitere von unterschiedlichem Typus: mit oder ohne Fenster, herzförmig, oval, rund, zylindrisch oder in Form eines Hausaltars. Die Typen ohne Fenster sind in der späten Periode eher selten. In der Sammlung Leder befindet sich eine Amulettbüchse aus Messing mit der heiligen Silbe Om auf der Oberfläche eingraviert (Inv. Nr. 75218). Amulettkästchen wurden aus Messing, Kupfer, Bronze oder Silber hergestellt – die Vorderseite aber war meist aus Silber oder vergoldet, je nach finanzieller Lage des Auftraggebers. Sie können mit Halbedelsteinen, vor allem mit Türkis und Koralle, dekoriert sein – Exemplare dieser Art fehlen jedoch in der Sammlung. Amulettbehälter werden auch als Abbild des Universums angesehen, daher sind die Fenster häufig von Gebirgs-, Wolken- und Wellenornamentik umrahmt.[23]

Im Inneren der Amulettkästchen befinden sich sozusagen Quellen der magisch- schützenden Kräfte. Dies können außer den zuvor angeführten Tsakli und Tsha tsha geschriebene oder gedruckte, zusammengefaltete Amulette aus Papier oder Stoff (t. *srung ma*; m. *saxius*, m. *sakiɣulsun*), Stückchen von seidenen Khadags, Getreidekörner und andere Materialien sein.

„Nicht nur jeder Lama, sondern überhaupt Jedermann wählt sich, oder die Eltern wählen schon für ihn, einen Schutzheiligen, welchen er im Bilde gemalt oder als Relief sein ganzes Leben, um den Hals gehängt, auf der bloßen Brust unter den Kleidern trägt. Oft liegen hinter dem Bilde noch verschiedene andere Sachen, meist Drucke oder Manuskripte auf Papier, die Gebete, kräftige Formeln oder dergl. enthalten. Das sind geweihte Schutzmittel."[24]

Wie Leder in seinen Bemerkungen zu einigen gerahmten Bild-Amuletten schreibt, waren dieselben seit langem in Gebrauch und stammten fast

23 Vgl. Vinkovics 2003.
24 Bemerkung Leders, Objektliste aus dem Jahr 1906, Archiv MVK.

ausschließlich von verstorbenen Personen und waren zumindest laut Leder *„daher alt u. vollkommen echt.“*[25]

Amulette mit Gebeten, heiligen Formeln oder Wünschen wirkten ebenfalls als Schutz und wurden in praktischen Angelegenheiten und auch von Reisenden verwendet. Der Brauch, Amulette herzustellen, verbreitete sich von Indien aus nach Tibet und Missionare machten ihn noch populärer.

Es gab zahlreiche Formen und Typen von Amuletten aus Papier oder Stoff. Das einfachste war die so genannte essbare Zauberformel (Amulett), welche nur Texte enthielt. Die magische Kraft sollte durch das Schlucken aktiviert werden. Durch das Aufschreiben des Textes und den Druck wird die magische Kraft des Zauberspruchs festgehalten und überträgt sich durch das Schlucken beispielsweise auf den kranken Gläubigen.[26] Spezielle Weihtexte in Rollen wurden in das Innere von Statuen gegeben, um die dargestellte Gottheit zu animieren. Bestimmte Texte and manchmal auch Figuren wurden auf Textilien gedruckt und die Textilien wurden dann als „Windpferde“ (x. *xiimori*) eingesetzt, die im Wind wehten und so die Gebete weiter verbreiteten.

Stoffamulett
Mongolei um 1900, Druck mit roter Farbe auf Stoff (Baumwolle)
H: 30 cm, Inv. Nr. 75164
Auf dem ursprünglich zusammengefalteten Stoffstück ist Zanabazar dargestellt.

Diese Amulette dienten unterschiedlichen Zwecken: ein Typus von Amuletten gewährte die Erfüllung eines Wunsches, wie zum Beispiel die Abwendung gewisser Gefahren, während der andere Typus zur Rückwendung schädlicher Intentionen, Problemen oder Gefahren Anwendung fand. Beim ersteren Typus sind die abzuwendenden Gefahren bildlich dargestellt. Dies wird noch durch das Wort *„bsrung“* (t., schützen) am Ende des Textes unterstützt. Die zweite Gruppe kann anhand des fünfzackigen Sterns erkannt werden und das Wort *„bzlog“* (t., abwenden) am Ende des tibetischen Textes (Inv. Nr. 75145). Es gibt eigene Amulette für Frauen, die mit spezifischen Texten versehen sind. Eines der häufigsten Amulettformen ist das „Rad“, welches das Universum als Mandala repräsentiert. Text und Silbe darauf zeigt die Gottheit an, die damit angerufen werden soll oder welcher Wunsch durch den Hersteller des Holzblocks ausgedrückt wird. Längere Amulett-Texte beginnen gewöhnlich mit dem buddhistischen Bekenntnis, kürzere mit einer Beschwörung

25 Inv. Nr. 75038-39.
Amulette; Bilder in Blech u. anderen Rahmen. Alle waren in langjährigem Gebrauche u. stammen fast ausschließlich von bereits verstorbenen Personen, sind daher alt u. vollkommen echt. „Burchani-Gu“.

26 Vgl. Heissig in: *Die Mongolen*, 1989, S. 232.

Hausaltar
Mongolei vor 1900
H: 43, 5 cm, Inv. Nr. 74942

Bild für Hausaltar
Mongolei um 1900
25,2 x 16 cm, Inv. Nr. 75018

Hausaltar
Mongolei vor 1900
Holzschnitzerei in Form eines Tempels mit Malerei auf Leinwand, Amitābha darstellend.
H: 13,8 cm, Inv. Nr. 75028

Hausaltar
Mongolei vor 1900
H: 20 cm, Inv. Nr. 74939

(*dhāraṇī*) in Sanskrit, gefolgt von dem Wunsch der Person, welche das Amulett tragen wird.[27]

Die in der Sammlung enthaltenen, gefalteten Papier- und Bildamulette wurden von Leder auf öffentlichen Altären und anderen sakralen Plätzen gesammelt bzw. entwendet.

„Es würde nicht lohnen, von diesen Nummern alle Stücke zu zählen. Es sind Gebete aller Art, wie sie von den Pilgern auf den Churds, Altären, Suburghanen ect. niedergelegt werden, von denen ich sie ausgeborgt (für diesen Frevel habe ich natürlich von Seiten der wenig Vertrauen auf Nachsicht erweckenden Burchane die schärfste Ahndung zu gewärtigen u. muß erwarten, vielleicht als ein schwarzer Hund im Da-Churen, denen es hier sehr schlecht geht, wiedergeboren zu werden, wenn ich nicht etwa gar noch weiter abwärts muß)."[28]

Hausaltäre

Die Hausaltäre in der Sammlung sind exemplarisch für den Altarplatz in den mongolischen Jurten um 1900. Sie stammen vermutlich auch genau von diesem, dem nördlichen sakralen Bereich in der Jurte, denn Leder fügt seiner Objektnummer 1 (Inventar 1906), dem „Hausaltärchen" folgenden Kommentar hinzu: *„Aus den Jurten bei Mongolen übernommen, wo sie ihren Platz der Tür gegenüber haben."*

Es sind hier unterschiedliche Modelle vorhanden, wie sie damals in der mobilen Lebensweise der mongolischen Viehzüchter Verwendung fanden. Anhand dieser kleinen Hausaltäre wird eine der, an vorhergehender Stelle beschriebenen praktischen Anwendungen von Tsakli und Tsha tsha, sichtbar. So gibt es in der Sammlung Modelle von auf Holz geklebter Tsakli, wie sie von armen Leuten als Hausaltar verwendet wurden[29] oder einen, in Form eines Tempels (x. *dacan*), aus Holz geschnitzten Hausaltar mit eingelegtem Bildchen und auf der Rückseite enthaltenen heiligen Ingredienzien.[30]

27 Vgl. Kelény 2003.

28 Bemerkung Leders zu Manuskripten Inv. 65017-65041, Objektliste aus dem Jahr 1906, Archiv MVK.

29 Inv. Nr. 75018.

30 Inv. Nr. 75028.

Thangka

Zu der Gruppe gemalter Rollbilder (t. *thang ka*), welche sich unter den Inventarnummern 74944-74987 in der Sammlung befinden, fügt Hans Leder 1906 folgende Bemerkung in seiner Original-Inventarliste an:

„Alle diese unter der Bezeichnung „Tempelfahne" (Nr. 95 u f. f.) angeführten Bilder, stellen das Beste dar, was die tibetisch- mongolische beziehungsweise chinesische Kunst auf dem Gebiete der Malerei bisher geleistet hat. Sämtliche Bilder sind auf Leinwand oder Seide, ausschließlich nur mit der Hand gemalt und mit oft recht kostbaren schönen Stoffen umrahmt u. so adjustiert, dass sie in den lamaistischen Tempeln aufgehängt werden können, woselbst man sie oft in bedeutender Anzahl beisammen findet. Trotz der verhältnismäßig großen Anzahl dieser Kunstwerke u. trotz dem Umstande, dass oft mehrere derselben, nach der dargestellten Gottheit, die gleiche Bezeichnung erhalten müssen, so treffen sich dennoch niemals zwei vollkommen übereinstimmende Exemplare an, sondern sie sind nach ihrem Herkommen aus den aller verschiedensten Klöstern in Tibet, Mongolei; seltener aus China u. anderwärts, nach ihrem verschiedenem Alter, Auffassung des Künstlers, Größe etc. etc. immer sehr verschieden untereinander. Es ist sonach jedes einzelne Stück ein Original. Genannt ist übrigens immer nur das Hauptbild, während sehr selten ein Bild vorkommt, das nicht auch eine Gruppe oder auch oft zahlreiche Nebenbildern darstellt."[31]

Der Erhaltungszustand der oben erwähnten Thangkas ist ganz unterschiedlich. Während manche erstaunlich gut die Zeit überstanden haben, befinden sich manche in einem sehr desolaten Zustand. Vielfach ist die Malschichtoberfläche brüchig oder extrem dunkel, sodass in manchen Fällen die dargestellte Ikone kaum zu erkennen ist. Möglicherweise waren manche Thangkas schon beim Zeitpunkt des Erwerbs durch den Gebrauch, etwa die Hängung in Nähe brennender Butterlampen am Altar, dunkel verfärbt.

Die mongolischen buddhistischen Malereien stehen in direktem Bezug zu den Maltraditionen Zentraltibets. Sie werden auf in Rahmen gespannte Leinwand- oder Baumwollgewebe ausgeführt. Der Stoff wird zuerst mit einer Mischung aus Kreide, Klebstoff und *arxi* (x., Milchwodka) grundiert und dann, sobald die Grundierung getrocknet ist, mit einem weichen Stein poliert. Dann werden die Konturen des Bildes entsprechend der

31 Bemerkung Leders, Objektliste aus dem Jahr 1906, Archiv MVK.

Thangka: Sitātapatrā
(m. Čaɣaɣan sikürtü, x. Cagaan šüxert)
Mongolei 18./19. Jahrhundert
Guache- und Goldfarben auf Seide mit Einfassung in blauer Seide
90 x 48 cm, Inv. Nr. 74968
Die Göttin mit dem weißen Schirm, umgeben von 24 Nebenfiguren (Tārās).

Thangka: Tshangs pa (t., skt. Brahmā; bei Leder angegeben als Zamba)
Mongolei 19. Jahrhundert; auf Leinwand gemalt mit Einfassung aus verschiedenen Seiden
172 x 86 cm, Inv. Nr. 74987

festgelegten Ikonometrie gezeichnet. Manchmal verwenden die Künstler eine vorgefertigte Schablone für die Konturzeichnung. Die Pigmente bestehen aus Mineral- und Pflanzenfarben, welchen Yakhautleim als Bindemittel beigemengt sein kann. Die fertige Malerei wird meist mit Seidenbrokat chinesischer Herkunft eingefasst und Holzstäbe werden an Ober- und Unterseite durch Laschen geführt.

Die Bilder können der tibetischen Tradition folgend auf weißen, roten oder schwarzen Untergrund gemalt werden. Während die Mehrzahl der Bilder auf weißem Untergrund ausgeführt sind, gibt es spezielle Bilder auf rotem Grund (t. *dmar thang*). Gemälde auf schwarzen Grund werden Nagtang (t. *nag thang*) genannt und stellen oft zornvolle Gottheiten dar. Sie werden im Gönkhang (t. *mgon khang*), dem Tempel für die Schutzgötter, aufbewahrt.[32]

Der mongolische Stil der Malerei behielt die tibetisch-buddhistische Ikonographie bei, adaptierte jedoch gewisse Details. Wie die tibetischen sind die mongolischen Thangkas für ihre fließenden Linien, kontrastierenden Farben und aufwendigen Muster in Gold bekannt. Charakteristische Merkmale sind an der Ausführung des Lotussockels und beim Flammen-Nimbus zu erkennen. Auch in der Gestaltung der Landschaft und Natur gibt es Unterschiede: die Präsenz der „fünf Tiere“ (Kamel, Pferd, Rind, Schaf und Ziege), die weich gezeichneten moosigen grünen Hügel und Bergspitzen oder farbenvolle Wolken in Form des chinesischen Ruyi-Fungus. Die Pinselführung ist fließend; um Strukturen zu schaffen, werden punktierte Pinselstriche eingesetzt. Sind Menschen im Hintergrund dargestellt, so sind sie an den Gesichtszügen und der Kleidung als Mongolen zu erkennen. Selbst die Gesichtszüge transzendenter Wesen weisen oft mongolische Charakteristika auf. Sie werden oft menschen- ähnlicher gezeigt als in der tibetischen Kunst. Mongolische Malereien sind sehr nuanciert in der Modellierung der Körper und der Farbauswahl.

32 Vgl. Berger 1995; Jackson 1988.

Statuetten / Kultplastiken

Śrīdevī (t. dPal ldan lha mo)
Mongolei 18./19. Jahrhundert, Messing
H: 19 cm, Inv. Nr. 74679
Lhamo ist eine der wichtigsten weiblichen Schutzgottheiten. Sie reitet seitwärts sitzend auf einem Maultier über den Blutsee. In der erhobenen Rechten schwingt sie eine Skelettkeule (nicht mehr auffindbar), in ihrer Linken hält sie eine Schädelschale; als Satteldecke benützt sie die abgezogene Haut eines Dämons, dessen Kopf herabhängt.

In der Sammlung sind Statuen aus verschiedenen Materialien wie Metall, Ton, Pappmaschee und Holz vertreten.

Die Kultplastiken der Sammlung sind, so wie die meisten von Leder zusammen getragenen Objekte, von kleiner Größe. Buddhistische Kultplastiken sind dem Meditierendem Konzentrationshilfen. Sie dienen der Aktivierung und Mobilisierung gewisser Kräfte des Betrachters. Diese aktivierte Kraft wird in den Kunstwerken gespeichert. Belebt und wirksam werden die Plastiken erst durch die Weihe, bei welcher u. a. sakrale Objekte in Form von Gebetsstreifen, Getreidekörnern, Pflanzenteilen und anderen Reliquien in die Plastik eingeschlossen werden. Die Weihezeremonie dient dazu, sogenannte „Weisheitswesen" einzuladen, in der Statue Platz zu nehmen. Plastiken, die geöffnet und ihres Inhalts entleert wurden, verlieren ihre Wirkung und sind somit kultisch entwertet. Die Verschlussdeckel an der Unterseite von Plastiken sind in vielen Fällen mit einem Doppelvajra (skr. *viśvavajra*, t. *rdo rje rgya gram*) versehen. Die dargestellten Gottheiten gelten als reine Vorstellungsinhalte; durch die Plastik wird der angerufenen Gottheit ein Körper gegeben.

Nach der Aufstellung der Figuren im Kultraum werden sie teilweise mit seidenen Umhängen, Kopfbedeckungen oder Khadags (x. *xadag*) umhüllt (siehe Inv. Nr. 74666, 74670, 74681).

Messing wurde meist für Metallskulpturen, die als Hohlgüsse in Gießformen oder als Guss in verlorener Form hergestellt wurden. Die kleinen Skulpturen sind oft in zwei Teilen gegossen: Körper und Sockel separat. Ein hervorragendes Beispiel für die künstlerische Qualität mongolischer Metallfiguren ist die in der Sammlung enthaltene Statue der Schutzgöttin Lhamo (skr. Devī) (Inv. Nr. 74679). Auch die Darstellung Gesar Khans und zwei seiner Begleiter sind hervorzuheben, zumal es sich hier um sehr alte Bronzearbeiten zu handeln scheint (Inv. Nr. 74706-74708).

Geser Khan (Guan Di)
Mongolei vor 1900, Bronzeguss
H: 10 cm, Inv. Nr. 74706
Mythischer tibetischer König und Held des gleichnamigen „Geser Epos", dessen Kult in den mongolisch besiedelten Gebieten der Mandschu-Dynastie (1644-1911) verbreitet war.

Zwei Begleiter Geser-Khans (Zhou Cang, Guan Ping)
Mongolei vor 1900, Bronzeguss auf Postament
H: 10,5 cm, Inv. Nr. 74707-8

Während bei den Metallskulpturen die unterseitigen Verschlussplatten fehlen, sind größere Tonstatuen, wie Inv. Nr. 74663 und 74664, verschlossen und gefüllt. Diese Art von Statuetten, welche Gelehrte des mongolischen Buddhismus darstellen, wurden von einem Lama hergestellt, der die Namen auf der Rückseite der Figur geschrieben hat. Auch die Rückseiten der Statuen sind sorgfältig ausgeführt. Diese „Rund-um-Plastiken" sind ein Merkmal mongolischer Plastik, im Gegensatz zu tibetischen Exemplaren, bei denen manchmal die Rückseite nicht so detailgetreu ausgeführt ist wie die Vorderseite.

„Sämtliche Namen sind von dem Lama welcher die Figuren angefertigt hat. Er las sie von der Rückseite ab, wo dieselben in goldenen Buchstaben angeschrieben sind. Was die Aussprache anbelangt, muß ich hier bemerken, dass diese von den verschiedenen Lamen auch etwas verschieden lautet, der eine verschluckt z. B. die Endsilben, während andere sie deutlich aussprechen. Dem Eingeborenen ist das verständlich, den Fremden hingegen stört das. Ich glaube aber doch mich genau an die Aussprache der jeweiligen Gewährsmänner halten zu müssen, um nicht anstatt einer beabsichtigten Verbesserung einen Fehler zu begehen."[33]

Öndör Gegeen (Zanabazar)
Mongolei um 1900, Papiermaschee, bemalt und vergoldet; das Innere der Statue ist mit Weihgaben gefüllt.
H: 15 cm, Inv. Nr. 74664

Dhrtarāṣtra (t. Yul ´khor srung)
Mongolei um 1899, Ton, bemalt und vergoldet,
H: 15 cm, Inv. Nr. 64895
Einer der vier Lokapālas, Wächter des Ostens.

Grüne Tārā
Ton, bemalt und vergoldet
H: 10 cm, Inv. Nr. 74681
„Wird bei Burjaten besonders verehrt. Ist die Favoritgöttin aller Frauen."
(Leder Objektliste 1906)

33 Bemerkung Leders, Objektliste aus dem Jahr 1906, Archiv MVK.

Tsam-Tanz Figuren

Die zwölf Holzstatuetten, welche Figuren aus der Tsam-Tanz Zeremonie (t. *'cham*, m. *čam*, x. *cam*), einem der wichtigsten religiösen Feste der Anhänger des tibetischen Buddhismus, darstellen, sind eine ganz außergewöhnliche Objektgruppe innerhalb der Sammlung. Bei seinem ersten Aufenthalt in der Mongolei im Jahr 1892 wurde Leder Zeuge eines Tsam Tanzes im Kloster von Erdene dsuu. Es ist typisch für die Sammlung Leder, dass sich keine großen Objekte, wie etwa Tsam-Masken und Tanzkostüme, in der Sammlung befinden, sondern anstelle dessen das möglicherweise ursprünglich gesamte Set der im Urga-Tsam-Tanz auftretenden Charaktere als Miniaturfiguren, insgesamt 108 Figuren, vertreten sind. Diese wurden von Hans Leder in der Nähe von Urga bei einem Handwerker in Auftrag gegeben. Weitere zwanzig Figuren befinden sich in der Sammlung des Néprajzi Múzeums in Budapest, eine Gruppe von 14 Figuren im Völkerkundemuseum der J. & E. von Portheim Stiftung in Heidelberg, 12 Figuren im Völkerkundemuseum zu Leipzig und eine weitere Gruppe, zu welcher bisher genauere Angaben fehlen, im Völkerkundemuseum Hamburg.

„Zamm ist der Name für ein religiöses Fest, welches im Freien vor den Tempeln mit Tänzen u. Vorführungen (...) komischer Figuren u. fast aller Götter, besonders der Draggshed gefeiert wird. Die Lamen erscheinen in Masken u. meist sehr reichen Kostümen zu diesen Tanzfesten, denen die Bevölkerung der ganzen näheren u. ferneren Umgebung beiwohnt. Sie finden in der guten Jahreszeit, aber bei jedem einzelnen Tempel an einem anderen Termine statt, um zu ermöglichen, dass die Gläubigen ihnen mehreremale im Jahre beiwohnen können. Selbstverständlich finden sie in Begleitung recht geräuschvoller Musik statt. Die Veranstaltung dieser Feste ist folgende:
Landarma, König von Tibet, welcher am Ende des X. Jahrhunderts regierte, war ein Anhänger der alten tibetischen Bon-Religion u. suchte den Buddhismus zu unterdrücken. Er wurde im Jahre 900 n. Ch von Lamen ermordet, welche sich ihm unter dem Vorgeben genähert, den König durch Tänze in Masken u. allerhand Narrheiten zu unterhalten. Die Gewänder der Tänzer beim Zamm sollen denen des Königs gleichen.“[34]

34 Bemerkung Leders, Objektliste aus dem Jahr 1906, Archiv MVK.

Ritualgegenstände

Das Leben der mongolischen Viehzüchter, eingebettet in die Natur und in Abhängigkeit von derselben, bringt ein sensibles Bewusstsein für die natürliche Umwelt und verschiedenste Maßnahmen zum Schutz vor Gefahren mit sich. Darum werden regelmäßig Opfer für die Geister und Götter in der Natur gebracht und auch Lamas werden beauftragt, solche zu praktizieren.

Torma (m. *baling*, x. *dorom*, t. *gtor ma*)

Torma (t. *gtor ma*)
Mongolei um 1900, Teigmasse
H: 4 cm, Inv. Nr. 75215

Ein häufig dargebrachtes Opfer für die Götter waren und sind Opferkuchen, *tor ma*, verschiedenster Formen und Farben. Die drei Opferkuchen aus Leders Sammlung stellen die einfachste Art dar: in die Hand gedrückte Teigformen, an denen deutlich die Fingerabdrücke zu erkennen sind. (Inv. Nr. 75215-75217)

Fadenkreuze (m. *dungli*, t. *mdos*)

Fadenkreuz (t. *mdos*)
Mongolei um 1900; Holz, Wollfäden
H: 26 cm, Inv.Nr. 75204

Fadenkreuze sind eine besondere Form der sogenannten Geisterfallen. Sie können als Wohnplatz für einen Gott oder Geist dienen und spielen eine spezielle Rolle in Ritualen, bei denen es darum geht, negativen Kräften entgegenzuwirken. Ein Fadenkreuz besteht aus zwei im rechten Winkel aneinander fixierten Holzstäben, welche mit verschiedenfarbigen Fäden verbunden und verwoben sind. Die Farben sind nach den Farben der Elemente auf einander abgestimmt. Die „Zauberkreuzchen" in Leders Sammlung (Inv.Nr. 75204-75209) wurden seinen Bemerkungen zu Folge *„bei Zauberhandlungen kreisförmig in die Erde gesteckt."*

Gebetsfahnen (m. *darčuγ*, t. *dar lcog*)

Als erklärende Beifügung zu den Gebetsfahnen mit Inventarnummern 64833-368 schreibt Leder:

„Wurden von mir selbst von Obos und Lappenbäumen entnommen. Wer auf die Reise geht u. sich selbst u. seine Tiere unter den Schutz der Burkhane stellen will, geht zum Lama u. lässt sich gegen Entgelt Zeugstück geben, das mit Gebeten u. verschiedenen Zeichen bedruckt ist, die ihm sicheren Schutz gewährleisten, wenn er sie an gefährlichen u. schwierigen Wegstellen an Bäumen oder noch besser auf dem Obo,

Abb. S. 44
Tsam-Tanz Figuren
Mongolei um 1900
Holz geschnitzt und bemalt,
H: 20-34 cm, Inv. Nr. 74711-22

der sich auf der höchsten Wegstelle fast jeden Berges findet, anbringt u. dabei betet u. ein Rauchopfer bringt. Das Pferd in der Mitte deutet namentlich auf den Tierschutz hin.“[35]

Gebetsfahne (t. *dar lcog*, m. *darčuɣ*) Mongolei 1899, Baumwolle bedruckt, H: 30cm, Inv. Nr. 64833

In der Umgebung des Töwxön Klosters Foto: M.-K. Lang 2007

In der mongolischen Landschaft stets präsent, wehen Gebetsfahnen an Bäumen, rituellen Steinhaufen (m. *oboɣ-a,* x. *owoo*), Brücken und anderen wichtigen Plätzen in der Natur. Auf die Fahnen sind Gebete, Mantras und Segenssprüche gedruckt, sodass bei der Bewegung durch den Wind ihre heilbringende Wirkung in alle Richtungen getragen werden kann. Die Wälder um das Töwxön Kloster, einer der wichtigsten sakralen Plätze in der Mongolei, sind markiert von Girlanden unzähliger blauer Gebetsfahnen. Diese beschützen den Pilger auf seinen Wegen, versprechen Schutz gegen schädliche Lokalgeister und -kräfte und helfen Reichtum und Glück zu vermehren.

Gebetsfahnen werden in unterschiedlichen Variationen auf rechteckige Stoffe gedruckt: in verschiedenen Farbtönen, mit diversen Darstellungen (häufig sind Darstellungen Padmasambhavas oder der Triade der Langlebigkeit mit Amitúyus, Uṣṇīṣavijayú und Túrú) im Zentrum, umkreist von dazugehörigen Gebetssprüchen und Mantras. Meist galoppiert das Windpferd (m. *kei mori*, t. *rlung rta*) im Zentrum der Flagge, umgeben von den vier, den Himmelsrichtungen zugeordneten, Fabeltieren, die in den Ecken platziert sind: Löwe (t. *seng ge*), Drache (t. *'brug*), Tiger (t. *stag*) und der mythische Vogel Garuḍa (t. *khyung*). Gewöhnlich trägt das Windpferd das Wunscherfüllende Juwel auf seinem Rücken (Sattel) und verbreitet Harmonie, Frieden und Wohlstand auf seinen Wegen. Ursprünglich war der Yak eines der vier Tiere, wurde aber später durch den Löwen ersetzt, - vermutlich zur Zeit, als dieser ein Nationalemblem der Tibeter wurde. Die fünf Tiere (inklusive Pferd) korrespondieren mit den Elementen und den Himmelsrichtungen. Das Windpferd bzw. Glück und Harmonie können durch Handlungen, welche das Gleichgewicht im Universums wiederherstellen, sowie durch religiöse Praxis gesteigert werden.

35 Objektliste aus dem Jahr 1899, Archiv MVK.

Khadag (x. xadag, m. *qadaq*, t. *kha btags*)

Ein Khadag ist ein Glücksschal aus Seide. Heutzutage werden üblicherweise Khadags aus Kunststoff verwendet. In der Mongolei sind besonders blaufärbige beliebt, da die Farbe Blau als Symbolfarbe des Himmels der Mongolei gilt. Zu den Exemplaren in seiner Sammlung bemerkt Leder:

Khadag (m. *qadaq*)
Mongolei 1899, Seide
L: 35cm
Inv. Nr. 64841

„Es sind Chadaks von der aller geringsten Sorte bis hinauf zu teuren. Die zwei besten haben verschiedene Burchanen eingewebt. Sie dienen als Tempelgaben, bei Besuchen bei hohen Geistlichen, sind aber auch verwendbar, wenn man irgend jemandem durch Überreichung derselben eine besondere Hochschätzung ausdrücken will, so besonders von niederen Personen Höheren gegenüber. Die zwei geringeren Sorten werden auch im Bazarverkehr als Kleingeld gegeben u. genommen."[36]

Die ersten Anzeichen bei der Annäherung an einen besonderen sakralen Ort, wie das oben genannte Kloster Töwxön, sind riesige Holz-Owoos mit blauen Khadags, die unvermutet im Wald bei hohen Pässen auftauchen.

Diverse Kultgegenstände

Trommel (skt. *damaru*)
Mongolei vor 1899
Holz, Leder, Seide, Seidenbrokat
Inv. Nr. 64855, Inv. Nr. 74184

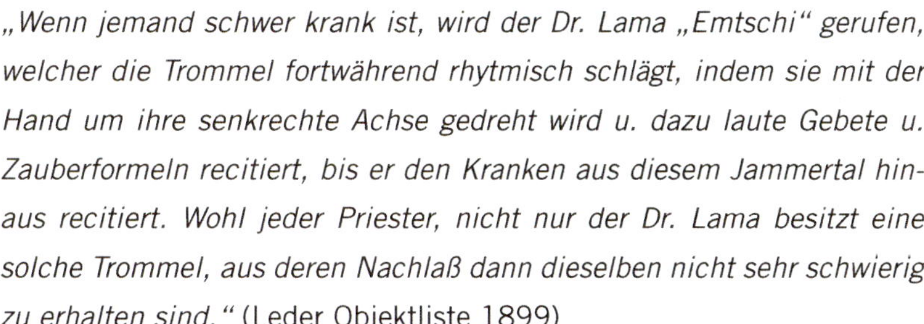

„Wenn jemand schwer krank ist, wird der Dr. Lama „Emtschi" gerufen, welcher die Trommel fortwährend rhytmisch schlägt, indem sie mit der Hand um ihre senkrechte Achse gedreht wird u. dazu laute Gebete u. Zauberformeln recitiert, bis er den Kranken aus diesem Jammertal hinaus recitiert. Wohl jeder Priester, nicht nur der Dr. Lama besitzt eine solche Trommel, aus deren Nachlaß dann dieselben nicht sehr schwierig zu erhalten sind." (Leder Objektliste 1899)

36 Zu den Inv. Nr. 64 837-64 849 (Nr. 3), Objektliste aus dem Jahr 1899, Archiv MVK.

Rosenkranz (m. *erike*, x. *erx*)
Mongolei um 1900, Holz bzw. Rudrākṣa-Samen (m. *samur*)
Inv. Nr. 75188
Inv. Nr. 64858

„Man betet auf demselben das „Mani", das Universalgebet (Om-mani-bat-me-hum) der Buddhisten, welchem die wunderbarsten Wirkungen im Dies- und Jenseits, in allen Angelegenheiten des Leibes u. der Seele, im Leben u. Tod, etc. etc. zugeschrieben werden. Man sieht selten einen Mongolen ohne seinen Rosenkranz, dient er nicht gerade zum Beten, dient er doch zum Spielen. Die Zahl der Perlen ist nach den Einen 108, nach den Andern 111. Das Erstere scheint das Richtigere. Gerade diese einfache Form aus Holz ist die meist verbreiteste, die man gewöhnlich sieht."[37]

Weihwasserfläschen
(x. *rašaanii šil*, Leder: *tashiro-chatot*)
Mongolei vor 1899, Kupfer, Messing
Inv. Nr. 64862

„Nur die Lamen tragen solche Fläschchen, die in verschiedener Ausstattung, eher nur in der Größe u. Ähnlichkeit der vorliegenden (...), unter der Priesterschärpe bei sich. Es enthält Araschan oder Weihwasser, mit welchem sie den Mund, die Augen, Ohren befeuchten, wenn sie etwas unreines, sündhaftes gesagt, gehört oder gesehen haben, um so wieder gereinigt u. geweiht zu werden." (Leder Objektliste 1899)

Kultpfeil (m. *sumu*, t. *mda´ dar*)
Mongolei um 1900, Holz, Seide
H: 41 cm, Inv. Nr. 75199

„Wird nur in sehr seltenen Fällen u. außerordentlichen Gelegenheiten verwendet, indem m. dem Stab vor den Burchanen in schräger Stellung, ihnen zugeneigt, befestigt, nachdem vorher in den Ritzen am oberen Enden Räucherkerzchen befestigt u. angezündet werden."
(Leder Objektliste 1906)

37 Bemerkung Leders; Objektliste aus dem Jahr 1899, Archiv MVK.

Gebetsmühle (m. *kürdün*, x. *xürd*)
Mongolei vor 1900, Holz
36 x 16 cm, Inv. Nr. 75180

„Komplette Gebetsmühle in Form eines Tempelchens aus Holz, welcher im Innern den sichtbaren Gebetszylinder enthält. Sehr schönes, seltenes Stück." (Leder Objektliste 1906)

Schädelschale
Mongolei 18./19. Jahrhundert
menschliche Schädelkalotte
7 x 17 cm, Inv. Nr. 75186

„Schädelschale eines Mongolen. Tibet.: todkrag; sanskrit.: kapala. Bemerkung: Ein häufig vorkommendes Attribut aller Dokshit etc... mit Blut gefüllt. Spielt eine große Rolle im Kult. Die Lamen trinken daraus bei gewissen Kulthandlungen." (Leder Objektliste 1906)

Gebetsmühle
Mongolei vor 1900
22 x 23 cm, Inv. Nr. 75181

„Gebetsmühle; alt, komplett, mit der Hand zu drehen; „Churdé". Bemerkung: Stammt aus der Wohnung eines höheren Lama u. ist mit der Hand zu drehen." (Leder Objektliste 1906)

Opferknochen (m. *dal*)
Mongolei um 1900
Schafschulterblätter beschrieben
H: 15 cm, Inv. Nr. 75201-75203

„Schafschulterknochen mit mong. Schrift. Von einem öffentichem Altar stammend; „changan-dal". Bemerkung: Werden als eine Art Opfer bei den öffentlichen Churds und Altären aufgehängt."
(Leder Objektliste 1906)

Schmuck

Schmuckgehänge
Mongolei 19. Jahrhundert
Silberfiligranarbeit; Koralle, Jade, Türkis, Rubin, Aventuringlas, geschnitzter Stein.
L: 63 cm, Inv. Nr. 64851

Foto: nach 1900
Staatliches Archiv Ulaanbaatar

Dieses Schmuckgehänge war Teil des außergewöhnlichen Kopfschmuckes einer verheirateten Xalx-Mongolin. Der Schmuck wurde einer Frau am Hochzeitsmorgen von ihren Eltern als Mitgift überreicht. Der Kopfschmuck war Ausdruck ihres sozialen Status, Reichtums und ethnischer Zugehörigkeit. Um die Form der Haartracht, die manchmal als Hörner, manchmal als Flügel interpretiert werden, ranken sich unterschiedlichste Legenden.

In den Elementen des Schmuckgehänges lassen sich vielfache ikonographische Einflüsse ablesen, eine Vielfalt von Ornamenten, die für die mongolische Kunst charakteristisch ist. Neben typisch mongolischen Symbolen, sind chinesische und buddhistische Symbole zu finden. So ist das Schmuckstück auch eine Art Spiegelbild des historischen Geschehens, der stattgefundenen gegenseitigen Beeinflussungen.

Schnupftabakfläschchen
(m. *kögürge*, x. *xöörög*)
Mongolei 19. Jahrhundert; Nephrit
H: 6 cm, Inv. Nr. 64850

„Jeder halbwegs anständig gelten wollende Mongole trägt ein solches (es gibt tausende Abweichungen bei Beibehaltung der Fläschchenform) bei sich u. reicht es bei Begegnung mit Anderen, wenn sie miteinander sprechen wollen u. empfängt gleichzeitig mit derselben Hand das Fläschchen der Andern. Jeder schnupft oder tut so wenigstens, legt es dann auf den Handteller der rechten Hand, und beide reichen sich diese mit dem fremden u. erhalten gleichzeitig das eigene Fläschchen wieder zurück. Es sieht wie ein Händedruck aus, ist aber keiner. Der letztere ist in der Mongolei nicht üblich. Da das Fläschchen ohne Deckel war, habe ich einen neuen beigelegt, falls es gewünscht wäre, dasselbe wieder vollständig zu haben."(Leder Objektliste 1899)

Druckstock in Lantsa-Schrift (x. *modon bariin bichig*)
Mongolei um 1900, Holz geschnitzt
L: 22 cm, Inv. Nr. 75169

Drucke

Im 14. Jahrhundert begannen die Mongolen die Drucktechnik, die in China erfunden worden war, anzuwenden. Dies erfolgte mittels geschnitzter Druckstöcke (Holzdrucktafeln), mit denen Abdrücke ganzer Seiten von Bildern oder Text hergestellt wurden. Die meisten Drückstöcke waren aus Holz geschnitzt, es wurden auch Kupferdruckplatten hergestellt, Steindruck erst relativ spät, um 1900 angewendet. In waldreichen Regionen wurde Birkenholz verwendet, im Süden der Inneren Mongolei wurde Birnenholz vorgezogen. Gewöhnlich wurde auf Papier gedruckt, aber auch Leinen und Seide wurden verwendet. Vor dem Druck wurde das Papier in die passende Größe geschnitten. Es gab einige Standardgrößen für Text, die Größe der Bilder und Figuren war aber sehr variabel. Schwarze Tinte aus Ruß wurde gewöhnlich verwendet – manchmal auch rote, dunkelblaue oder orange-farbige Tinte – oder mehrfarbige Drucke. Beim Drucken von Amuletten sollten die religiösen Vorschriften eingehalten werden und es konnten andere Materialien als Tinte benutzt werden, wie Blut oder Flüssigkeiten von den Innereien der Tiere. Gedruckt wurde meist im Hof der Werkstatt auf einer großen Kiste unter freiem Himmel. Die Tinte wurde mit kleinen oder großen Pinseln aufgetragen, dann wurde das Papierblatt auf den Block gelegt und mit der Hand darauf gedrückt. Druckwerkstätten befanden sich normalerweise in Klöstern; das Drucken wurde demnach vorwiegend von Mönchen getätigt.

Hans Leders Sammlungen in europäischen Museen

Die Recherchen in den europäischen Museen, in welchen sich weitere Kollektionen von Hans Leder befinden, lassen die Geschichte der Sammlungen und gleichzeitig die persönliche Lebensgeschichte des Sammlers transparenter werden.

Die ersten, in den Jahren 1899 und 1900 von Leder akquirierten Ethnographica, befinden sich im Museum für Völkerkunde in Wien. Wien, als Zentrum der k. u. k. Monarchie, stellte damals auch das Zentrum von Leders wissenschaftlichem Wirkungskreis dar.

Opava (Troppau)/ Tschechien: Schlesisches Landesmuseum

Troppau war der eigentliche Lebensmittelpunkt Leders. Unweit der Hauptstadt von Österreichisch-Schlesien wurde er in dem kleinen Ort Jauernig (heute Teil Polens) geboren und in Katharein bei Troppau lebte er mit seiner Familie bis zu seinem Tod im Jahr 1921. In Troppau war er Mitglied des Naturwissenschaftlichen Vereins und hielt im Rahmen desselben öffentliche Vorträge.[38]

Im Kaiser Franz Josef-Museum für Kunst und Gewerbe erfuhr Leder Unterstützung durch den damaligen Direktor Braun. Generell scheint das Interesse für Leders Sammlungen und seine Arbeit in Troppau eher gering gewesen zu sein. Im Jahr 1902 wurden einige Objekte seiner Sammlung hier ausgestellt und Leder hielt einen Vortrag für die Anthropologische Gesellschaft in Wien, anlässlich eines Besuchs derselben in Troppau.

Heute heißt das ehemalige Kaiser Franz Josef-Museum „Schlesisches Landesmuseum" und bei meinem Besuch im Februar 2007 war der Name Hans Leder dort kaum bekannt. Von einst 123 Gegenständen aus seiner Sammlung befindet sich kein einziges im Schlesischen Landesmuseum. Bis auf 24 kleine Tonarbeiten, die in das Náprstek Museum in Prag transferiert wurden, waren sämtliche Objekte 1945 bei dem Brand des Museums zerstört worden. Im Landesarchiv von Opava ist kein Nachlass (Tagebücher, Fotografien) von Hans Leder erhalten. Als Spuren bleiben hier die Eintragung ins Geburtenbuch, manche Eintragungen in den Annalen des Naturwissenschaftlichen Vereins in Troppau und sein Grab am Friedhof von Opava. Bei meinen Nachforschungen in Opava gelang

38 Die Schriften des Vereins befinden sich im staatlichen Archiv in Opava; hier sind einige Hinweise auf Leder zu finden.

es mir aber schließlich, in einem der Archive des Museums ein Manuskript von Hans Leder zu finden, aus dem der tschechische Forscher Lumir Jisl 1963 nur Passagen publiziert hat.[39] Das Manuskript ist nicht vollständig erhalten. Möglicherweise handelt es sich hier um nicht veröffentlichte Teile seines einzigen Buches „Das geheimnisvolle Tibet“ oder um eine weitere Publikation, welche von Leder nicht vollendet werden konnte. Jedenfalls geht Leder hier auf verschiedene Themenbereiche in Beziehung zur mongolischen Glaubenswelt ein. Das Manuskript wird demnächst von mir bearbeitet werden.

Prag: Náprstek Museum

Bei den oben erwähnten Objekten aus Ton handelt es sich um 15 Reliefarbeiten und 9 Stupa-Modelle, die von den Mitarbeiterinnen des Museums jedoch nicht identifiziert werden konnten, da sie sich in einem Aussendepot des Museums befinden.

Stuttgart: Linden-Museum, Staatliches Museum für Völkerkunde

Durch Vermittlung von Edmund W. Braun, Direktor des Kaiser Franz Josef-Museums in Troppau, verkaufte Hans Leder im Jahr 1902 eine mehr als 1 500 Objekte umfassende Sammlung an den Württembergischen Verein für Handelsgeographie unter Vorsitz von Karl Graf von Linden um 5 000 Mark. Im Archiv des Museums befindet sich eine umfassende Korrespondenz, welche von Beginn an bis zum Ende den Kontakt Leders mit dem damaligen Leiter des Museums, Graf Linden, dokumentiert. Was als ein von Enthusiasmus getragenes Unternehmen beginnt, endet für Hans Leder tragisch.

Zunächst findet die Sammlung Leders große Beachtung und Begeisterung bei Graf Linden. Am 30. Mai 1902 schreibt er an Leder:

„Die beim Auspacken mir helfenden, sachverständigen Herrn und ich waren sowohl über die Reichhaltigkeit der Sammlung, welche mir ja nicht ganz unbekannt war, als auch über die Qualität der vorzüglich verpackten Sammlung ganz entzückt.“

39 Vgl. Jisl 1963.

Leders Sammlung wird mit der des Fürsten Ukhtomskji in St. Petersburg verglichen und als für Europa einzigartig eingestuft. Leder bietet daraufhin an, bei seiner nächsten Reise (1902) exklusiv für Graf Linden zu sammeln, um die bereits erworbene Sammlung durch besondere Stücke, wie Textilien und große Statuen, zu erweitern. Leder erhält, nachdem er darum bittet, einen Kredit von Linden. Missverständnisse und wohl keine festgelegten Verträge führen schließlich dazu, dass Graf Linden die neue – von Leder für Stuttgart vorgesehene – Sammlung nach Troppau zurückschicken lässt, da er nicht bereit ist, den von Leder vorgeschlagenen Verkaufspreis zu zahlen. Leder stürzt damit in eine tiefe finanzielle Krise, von der er sich kaum noch befreien kann. In der Schuld Lindens muss Leder die Sammlung möglichst rasch verkaufen, um den Kredit zurückzahlen zu können. Nach mühseligen Verhandlungen gelingt es ihm erst 1904 die Sammlung an das Népraizi Múzeum in Budapest zu verkaufen, zu denkbar ungünstigen Bedingungen.

Eine Anzahl von Objekten der Sammlung wurde 1955 ohne nähere Angaben verkauft, sodass sich gegenwärtig rund tausend Objekte aus Leders Sammlung im Depot des Linden-Museums befinden müssten. Diese sind größtenteils nicht geordnet unter dem Sammelbegriff „Tibet" aufbewahrt. Es ist denkbar, dass es sich bei einigen Objekten aus der Sammlung Umlauff (siehe Heidelberg) ebenfalls um ehemalige Stücke aus Leders Sammlungen handelt.

Ein Teil der Sammlung von Hans Leder im Linden-Museum, die Miniaturbilder (Tsakli) und Rollbider (Thangkas) ist sortiert und wurde bereits im Museum digitalisiert und dokumentiert. Das umfassende Archivmaterial (darunter Original-Inventarlisten und Briefe Leders) liegt in Kopien vor.

Budapest: Néprajzi Múzeum

Im Jahr 1904 wurden die etwa 900 Objekte, welche Leder, wie oben erläutert, ursprünglich für Stuttgart gesammelt hatte, von Troppau nach Budapest geschickt. Der Ankaufspreis von 5 000 Kronen sollte in Raten in den nächsten Jahren an Leder ausbezahlt werden. Eine denkbar schlechte Abmachung, doch die Leitung des Néprajzi Múzeum war anscheinend zu keinen konkreteren Vereinbarungen in der Lage.

Auch in Budapest sind die Miniaturbilder (298 Nummern) und Rollbilder gut sortiert, aufbewahrt und digitalisiert, während die übrigen Objekte unter dem Sammelbegriff „Tibetica" im Depot verstreut sind und somit nicht einfach, doch immerhin nach Inventarnummern, zu identifizieren sind. Unter den Objekten befinden sich einige herausragend fein gemalte Bilder unterschiedlicher Größe (darunter Thangkas), ein komplettes, aus Holz geschnitztes mongolisches Schachspiel, Metallskulpturen und eine Gruppe von 22 Tsam-Tanzfiguren aus Holz.

Im Archiv des Museums war bisher kein weiteres Material zu Hans Leder aufzufinden.

Leipzig: Grassimuseum

Im Grassimuseum wurden 1907 1 235 Objekte angekauft; darunter enthalten sind: 300 Thangkas, 4 Hausaltäre mit Tsha tsha, 14 Hausaltäre mit Miniaturen, 47 kleine Tonfiguren, 42 Bronzefiguren, 12 Tsam-Tanz Holzfiguren, 5 Gebetsmühlen, 12 Handschriften und 9 gedruckte Schriften. Im Archiv des Museums befinden sich Briefe Leders sowie eine Liste der Gegenstände. Der Besuch dieses Museums ist 2009 nach Projektabschluss erfolgt; der Besuch des Völkerkundemuseums in Hamburg ist erst ab 2010 möglich.

Heidelberg: Völkerkundemuseum der J.& E. von Portheim Stiftung

Im Jahr 1919 gründeten Victor und Leontine Goldschmidt, geb. v. Portheim, die J. & E. von Portheim Stiftung für Wissenschaft und Kunst. Victor Goldschmidt, selbst Kristallograph und international renommierter Wissenschafter, und seine kosmopolitische Frau Leontine gründeten eine Reihe miteinander verbundener, interdisziplinär arbeitender Institute in Heidelberg, darunter das Ethnographische Institut und Museum.

Basis des Museums stellten die ethnographischen Sammlungen des Ehepaars Goldschmidt dar. Die Arisierung der Stiftung und der Tod der Stiftungsgründer[40] führte auch dazu, dass Dokumente und Objekte auf ungeklärte Weise verschwanden und somit die Provenienz und Zuordnung der Objekte teilweise sehr schwer zu rekonstruieren ist.[41] Dies gilt auch für Objekte aus der Sammlung Hans Leders.

Viele der Objekte, welche dem Begriff „Tibet" zugeordnet sind, kommen aus den Sammlungen Leders. Die meisten sind unter „Sammlung Umlauff" inventarisiert. Das Handelshaus Umlauff hatte um 1900 in Deutschland das „Monopol" für den Handel mit Ethnographica, was das Sammlungsgeschehen vieler Völkerkunde-Museen in Deutschland nachhaltig prägte. Der älteste schriftliche Nachweis in Bezug auf die Sammlung Leder im Völkerkundemuseum der J. & E. von Portheim Stiftung ist eine Objektliste der Firma Umlauff aus dem Jahr 1911. Auf dieser Liste sind Objekte, vor allem Metallskulpturen aus Urga, verzeichnet, die jedoch nicht mehr im Museum auffindbar sind.

Möglicherweise gab es jedoch schon zu einem früheren Zeitpunkt Bezugspunkte zu Leder bzw. zu seiner Sammlung, da das Ehepaar Goldschmidt enge Kontakte zu Wien und Prag pflegte. Es ist anzunehmen, dass Hans Leder (vielleicht auf Druck seiner Gläubiger) in seiner finanziellen Not Objekte an das Unternehmen Umlauff verkaufte.

Auf maschingeschriebenen Objektlisten, deren Datum und Zweck heute nicht mehr eruierbar sind, sind jedenfalls Leders Objektbezeichnungen zu erkennen. Die Objektzuordnungen basieren demnach auf Leders Originalbeschreibungen. Einige Objekte, welche teilweise mit bis zu fünf verschiedenen Nummern versehen sind, tragen meines Erachtens noch die Originaletiketten mit der Handschrift Hans Leders. Beim ersten Vergleich mit den Nummern der Inventarlisten Leders in Wien konnte ich Objekte identifizieren.

Rund 800 Objekte aus den Sammlungen Hans Leders befinden sich im Depot des Völkerkundemuseums in Heidelberg. Es sind dies: eine große Zahl (ca. 150) an Thangkas (eine besonders fein ausgeführte Serie scheint vom gleichen Künstler gemalt worden zu sein wie Inv. Nr. 74968 in Wien); ca. 130 kleine Tondevotionalien(t. *tsha tsha)*, manche davon

---

40 Victor Mordechai Goldschmidt starb im Jahr 1933 in Salzburg, kurz bevor ihm als so genannten „fremdrassigen" Beamten das Entlassungsschreiben des Badischen Kultusministers erreichte. Leontine Goldschmidt nahm sich 1942, bevor sie nach Theresienstadt deportiert werden sollte, das Leben.

41 Vgl. Sattler 2007.

gleichen den entsprechenden Stücken in Wien; 14 Tsam-Tanz Figuren aus Holz, eine große Menge (ca. 400) Ritualkarten (t. *tsakli*); ca. 35 gerahmte Tsakli; vier größere Figuren aus Ton (aus der gleichen Serie stammend wie einige Figuren der Wiener Sammlung) und diverse Kultgegenstände.

Mongolei: Spiegelungen der Objekte im Kontext der Gegenwart

Zwei jeweils dreiwöchige Feldforschungaufenthalte waren ein wesentlicher Bestandteil des Forschungsprojekts.

Im Juli 2006 konnte ich die wichtigsten Klöster und Museen in Ulaanbaatar besichtigen und so erste Vergleiche mit dort vorhandenen Objekten durchführen.

Prof. Lkhamsuren Munkh-Erdene, Leiter des Department for Social Anthropology der National University of Mongolia, stand mir für wertvolle Konsultationen zur Verfügung. Gemeinsam mit ihm wurden weitere Schritte zur Vorbereitung für den zweiten Feldforschungsaufenthalt in der Mongolei im Frühling/Sommer 2007 besprochen. Neben dem Aufenthalt in Ulaanbaatar war ein etwa zehntägiger Aufenthalt außerhalb der Hauptstadt sehr aufschlussreich für die Forschungsarbeit. Der Besuch buddhistischer Klöster und Tempel entlang des Reiseweges von Hans Leder vermittelte erste Einblicke in den gegenwärtigen Zustand der Klöster und anderer sakraler Orte dieses Gebiets. Die Lektüre der Beschreibungen Hans Leders sowie die Kenntnis seiner Sammlungen verdeutlichen die historischen Geschehnisse des 20. Jahrhunderts in der Mongolei, die dazu geführt haben, dass heute in einer Landschaft, die zu Lebzeiten Hans Leders von religiösen und sakralen Plätzen markiert war, wenn überhaupt, fast nur noch Ruinen ehemaliger buddhistischer Klöster und Tempel am Weg von Ulaanbaatar nach Xarxorin (Karakorum) und weiter bis zum Kloster Ongiin in der mittleren Wüste Gobi (Ömnö Gowi Aimag) zu finden sind.

Tempeljurte bei den Ruinen des Ongijn Klosters.
Foto: M.-K. Lang 2006

Einige dieser Ruinen werden wieder aufgebaut. Mancherorts werden anstelle der ehemaligen Tempel oder neben den Tempelruinen neue Tempel errichtet.

Auf den Altären dieser Tempel sind rezente aber auch alte Objekte mongolisch-buddhistischer Kunst zu finden. Darunter konnte ich einige buddhistische Statuetten entdecken, die einigen Objekten der Sammlung in Wien gleichen.

Bei meinem zweiten Forschungsaufenthalt, ein Jahr später (Juni 2007), hielt ich mich zunächst zehn Tage in Ulaanbaatar auf. Bei zahlreichen Treffen zeigte ich den Arbeitskatalog zur Sammlung Hans Leder in Wien, um die Ikonographie der Objekte zu besprechen und die Existenz dieser Sammlung in Europa zu vermitteln. Besonders hilfreich und inspirierend, waren unter anderen Gespräche mit Lama G. Pürewbat, einem der bekanntesten Künstler der Mongolei und Präsident des Mongolian

Institute of Buddhist Art im Gandan Klosterkomplex. Lama Pürewbat erhielt seine Grundausbildung an der Nationaluniversität für Kunst in Ulaanbaatar und wurde später in Indien, der Tradition der tibetisch-buddhistischen Kunst folgend, ausgebildet. Das von ihm gegründete Mongolian Institute of Buddhist Art ist heute der bedeutenste Ort in der Mongolei, an dem mongolisch-buddhistische Kunst (nach Lama Pürewbats Leitlinien) unterrichtet wird. Ebenfalls wichtige Hinweise erhielt ich bei Gesprächen mit Prof. Onkhod Rinchensambuugiin Otgonbaatar, Gelehrter und Experte für alte Schriftdokumente und Prof. Lüntengiin Batchuluun, Experte für mongolische Kunst und Kultur. Beide zeigten großes Interesse an dem Projekt und für eine zukünftige Zusammenarbeit.

Spurensuche

Mein etwa einwöchiger Aufenthalt außerhalb der Hauptstadt führte mich zunächst wie geplant für drei Tage nach Karakorum (Xarxorin) zum Kloster Erdene dsuu, um dort vorhandene Objekte und Plätze zu besichtigen und Lama Baasansüren, den höchsten Lama dieses bedeutenden Kloster, zu treffen, um mit ihm über mein Forschungsprojekt und ikonographische sowie historische Details zu sprechen. Gemeinsam mit Nacagnyam Ch., Wissenschafterin im Erdene dsuu Museum, unternahm ich eine mehrtägige Fahrt, auf der wir versuchten, einen Teil der Reiseroute von Hans Leder aus dem Jahr 1892 zu rekonstruieren. Dem historischen Reiseplan und Leders Reisebeschreibung folgend, begaben wir uns zunächst zu den Ruinen der alten uigurischen Hauptstadt Xar Balgas. Danach führte uns der Weg Richtung Westen, zu den Überresten des Cagaan Süm (Weisser Tempel) und den heiligen Schwefelquellen in der Nähe der Ruine Bulgas, den Ruinen des Nogoon Süm (Grüner Tempel) und Xöx Süm (Blauer Tempel). In der Provinz-Hauptstadt Cecerleg besichtigten wir die Sammlungen des Museums von Cecerleg, welches sich heute im ehemaligen Kloster Sain Gegeenii Khiid befindet. Dieses ist eines der wenigen Klostergebäude, welches die Zerstörungskampagne der 30er Jahre des 20. Jahrhunderts durch seine Widmung als Museum überstanden hat. Das Museum beherbergt einige sehr interessante religiöse Kultobjekte, welche sich mit den Objekten der Hans Leder Sammlung vergleichen lassen. Von Cecerleg Richtung Süden fahrend fanden wir die Überreste der ehemalig chinesischen Stadt Alt Uliyastaijund weiter südlich die Ruine des Klosters Beyis (auf Leders Wegplan

Medzhid Šarav liest tibetische Texte aus der Sammlung im Arbeitskatalog.
Foto: M.-K. Lang 2007

wahrscheinlich Güngeleg Süm), um danach zurück am Weg nach Erdene dsuu das Töwxön Kloster (von Leder als Einsiedelei verzeichnet) und das Šanx Kloster zu besuchen. Bei dieser Spurensuche waren wir in vielen Jurten zu Gast und versuchten hier in Gesprächen mit den Familien die auf Leders Reisekarte verzeichneten Orte, deren Schreibweise mit der heutigen nicht immer übereinstimmt, zu identifizieren. Von beinahe allen Klöstern und Tempeln, die Leders Weg markierten, existieren heute nur noch Überreste und selbst diese Ruinen wurden noch vor kurzer Zeit willkürlich geplündert. Es gelang einige Zeitzeuginnen und Zeitzeugen zu befragen, die noch die letzten Jahre erlebt hatten, in welchen die Klöster intakt gewesen waren. In den Jurten erkundigte ich mich auch nach alten vererbten religiösen Artefakten und konnte den Umgang mit diesen sakralen Objekten beobachten.

Vom Umgang mit sakralen Objekten

Sakrale Plätze sind im Leben der mongolischen Viehzüchter – einer mobilen Lebensweise mit begrenzter Anzahl persönlicher Dinge – von großer Bedeutung. Als sakraler Platz in der Jurte gilt der nördliche Bereich der Jurte. Dort ist traditionell der Platz für das Familienoberhaupt und meist auch der Bereich für den Altar oder die Truhe mit wichtigen Familienutensilien. Dieser Platz muss aber nicht zwingend im mittleren hinteren Bereich der Jurte sein, oftmals sind hier auch Sitzbänke aufgestellt und die persönlichen Dinge werden seitlich davon platziert. Zentrum für die Aufstellung persönlicher Dinge ist in den meisten Fällen ein Rahmen mit zwei Flügeln, in dessen Mitte sich oft ein Spiegel befindet, umgeben von Familienfotos und Heiligenbildern.[42] Davor sind bei religiösen Familien Butterlampen, Weihrauch, eine Gebetsmühle, Tondevotionalien, Heiligenbildchen und andere religiöse Objekte zu sehen. In geschlossenen Altartruhen werden besonders verehrte und zumeist geerbte Familienstücke wie auch Wertgegenstände aufbewahrt. Solche Truhen wurden innerhalb der Familien weitergegeben und werden von einem Weideplatz bzw. Wohnort zum anderen mitgenommen, um immer wieder aufgestellt zu werden. Bei manchen Familien, welche (im Juni 2007) gerade den Lagerplatz gewechselt hatten, war der Altarplatz noch nicht fertig aufgestellt.

Zu besonderen Anlässen, wie dem mongolischen Neujahr *cagaan sar*, werden besondere sakrale Objekte, zum Beispiel Statuen persönlicher

42 Vgl. Birtalan 2003, Empson 2007.

Schutzgottheiten und heilige religiöse Texte, aus der Truhe entnommen und aufgestellt, um danach wieder, meist in rituelle Seidenschals *xadag* eingewickelt, in der Truhe verstaut zu werden. Solcherart eingewickelt und in Truhen bewahrt, überdauerten manche Familienstücke die kommunistisch geprägten Jahrzehnte des 20. Jahrhunderts, in welchen an Stelle religiöser Ikonen, Abbilder politischer Führer, Medaillen und Klassenfotos den Altarplatz einnahmen. Manche bewahrten die religiösen Objekte versteckt, manche gaben sie an die wenigen noch als Museen bestehenden Klöster (Gandan, Erdene dsuu, Cecerleg), da sie diese dort vielleicht als besser aufgehoben erachteten oder auch, weil der Bezug zu diesen Objekten verloren gegangen war.

Seit der Demokratisierung sind zunehmend wieder Altäre mit religiösen Objekten im sakralen nördlichen Raum der Jurte zu finden. Im Juni 2007 stand (wenn er nicht noch verpackt war) in jeder von mir besuchten Jurte ein solcher Altar meist mit einem Foto des 14. Dalai Lama. Gab oder gibt es Mönche in der Familie, so hat auch deren Foto einen Platz am Altar. Anstelle von Original-Thangkas und Heiligenbildern sind vermehrt gerahmte Kopien und billige chinesische Massenware anstelle alter verehrter Heiligenfiguren zu sehen.

Im Kontrast zu den fehlenden alten und innerhalb der Familie weitergegebenen Stücken in den Jurten der Viehzüchter steht die Menge an religiösen Kultobjekten in den Antiquitätenläden der Hauptstadt Ulaanbaatar, von denen bereits viele und zum Teil sehr gut hergestellte Falsifikate sind.

So sind es ja auch in erster Linie Familienerbstücke oder aus Klöstern entwendete alte Kultobjekte, die auf den Markt kommen und die *Antique Shops* in der Hauptstadt füllen. Händler konnten sich beinahe beliebig an den religiösen Reliquien bedienen: zum einen waren und sind viele Mongolinnen und Mongolen durch die schwierige ökonomische Situation veranlasst, alte Erbstücke zu verkaufen, zum anderen konnten Händler relativ ungehindert Klöster bzw. Klosterruinen plündern. Sogar Stupas und Kultobjekte, in deren Inneren sich heilige Reliquien wie kleine Tsha tsha befanden, wurden ihres geweihten Inhalts entleert. Bei Klosterruinen (z.B. Kloster Beyis Süm) wurden rücksichtslos riesige Krater und Löcher in den Grund gebohrt, um hier alte Stücke zu finden. Bei meinem Aufenthalt im Kloster Šanx (Juni 2007) wurde von einem kurz zuvor verübten Diebstahl einiger der wichtigsten Kultobjekte erzählt.

Ausblick: Ausstellungskonzept

Die Sammlung Hans Leder spiegelt in beeindruckender Weise die mongolische Götter- und Geisterwelt der buddhistischen wie auch der folkloristischen Religion in ihren Eigenarten wider. Vor allem in den einzelnen großen Objektgruppen ist eine Vielzahl der hierarchisch gegliederten Gottheiten und Dämonen vertreten. Die Sammlung in Wien und eine Gesamtschau der Sammlungen Leders vermittelt einen unvergleichlichen Einblick in die Glaubenswelt der Mongolei um 1900. Die zumeist verehrten Gottheiten können durch Leders Aufzeichnungen und die Häufigkeit ihrer Darstellungen erkannt werden. Gleichzeitig sind Leders Sammlungen Zeugnis für eine Phase hoher Produktivität an buddhistischer Kunst in der Mongolei, welche seit den 20er Jahren des 20. Jahrhunderts – also nur wenige Jahre nach Leders letztem Aufenthalt im Jahr 1905 – völlig unterbunden und für eine Periode von etwa siebzig Jahren unterbrochen wurde. Die in Europa nur wenig und in der Mongolei gar nicht bekannten Sammlungen Hans Leders sind wie ein Speicher einer vergangenen Epoche, deren Zeugnisse materieller wie spiritueller Kultur im Land selbst zu einem Großteil zerstört wurden. Durch die Demokratisierung des politischen Staatssystems und de facto freie Religionsausübung im Land und die damit verbundene Revitalisierung kultischer Riten erhalten diese Objekte eine besondere Bedeutung. Fast die gesamten Sammlungen Leders lagern in zentraleuropäischen Museumsdepots und könnten durch weitere Bearbeitung der Öffentlichkeit und vor allem auch dem mongolischen Publikum präsentiert werden. Dies wäre vor allem durch die Konfrontation mit früher gebräuchlichen buddhistischen Alltags- und Ritualgegenständen auch für die mongolische Bevölkerung von Bedeutung, da sich die Religionsausübung der Gläubigen in der Mongolei heutzutage durch die Generationen andauernde Lehrunterbrechung zumeist auf reproduzierende Handlungen beschränkt.

Folgeprojekte

In einem Folgeprojekt sollen die in Europa verstreuten Sammlungsteile erfasst, genauer analysiert und in Objektgruppen zusammengefasst werden. Dafür ist eine koordinierte schematische Einteilung in Objektgruppen und Gottheiten vorzunehmen, um die Sammlungsteile folglich in ein Gesamtkonzept zu integrieren. Da es sich zum Teil um zahlenmäßig sehr große Objektgruppen (in erster Linie die Miniaturmalereien *tsakli* und Tondevotionalien *tsha tsha*) handelt, ergibt sich durch die Zusammenführung der Sammlungen ein einzigartiges und umfassendes Bild des mongolischen Pantheon sowie der unterschiedlichen Kunststile um 1900.

Im Rahmen der Bearbeitung der Leder Sammlungen können künstlerisch qualitätsvolle, jedoch fragile Objekte, wie zum Beispiel Thangkas, sicherer gelagert und dokumentiert werden.

Jede Objektgruppe ist in der Gesamtschau interessant und kann speziell durch die Zusammenführung zu neuen wissenschaftlichen Erkenntnissen führen. Herauszuheben ist aber noch die Gruppe kleiner geschnitzter und bemalter Holzfiguren, welche Leder in der Nähe Urgas (Ulaanbaatar) anfertigen ließ. Sie repräsentieren die unterschiedlichen Figuren des Ix Xüree Tsam-Tanzes, in der Form wie er nur in Urga aufgeführt wurde. Insgesamt nahmen 108 Figuren (größtenteils maskiert) an dieser Zeremonie teil. Wie bei allen religiösen Ritualen gab es einen beinahe 70-jährigen Bruch in der rituellen Praxis. Nach der demokratischen Wende wird versucht, anhand schriftlicher Quellen, historischer Fotografien und mündlicher Überlieferungen die Praxis der mongolischen Tsam-Zeremonie wieder aufzunehmen. Die Zusammenführung der getrennten Tsam-Tanz Figuren ist in diesem Kontext ein wichtiger Teil zur Rekonstruktion verdrängter Geschichte und ritueller Praxis. Nicht zuletzt als Informationsquelle für wissenschaftliche und kulturelle Institutionen in der Mongolei (wie u. a. Cultural Heritage Center in Ulaanbaatar) sind die Sammlungen Hans Leders als historische Quelle von großer Bedeutung.

Virtuelle Ausstellung

Die komplette Hans Leder Sammlung in Wien liegt nun auch in digitalisierter Form vor. Wichtige Teile der Sammlungen in Budapest und Stuttgart wurden, wie bereits erwähnt, ebenfalls sortiert und digitalisiert. Ein wesentlicher Grundstock für eine virtuelle Ausstellung ist somit vorhanden und kann flexibel – unter Einbeziehung der Expertinnen und Experten in den involvierten Museen – erweitert und vernetzt werden. Mit geeigneten EDV-Programmen ist es möglich, einen Überblick, eine wachsende Gesamtschau über die vorhandenen Sammlungen Leders zu erstellen. Dieses Vorhaben führt zu einem wissenschaftlichen Austausch mit Museen in Zentraleuropa, zielt aber nicht zuletzt auf den Austausch mit mongolischen Partnerinstitutionen.

Das Grundkonzept dieses Ausstellungsdesiderats gliedert sich (ähnlich der in diesem Bericht vorgestellten Einteilung) in folgende Schwerpunkte:

Biographie des Sammlers Hans Leder

Sammlungsgeschichten

Objektgruppen

Gesamtkatalog nach Gruppen sortiert

Eine virtuelle Ausstellung, mit der notwendigen Flexibilität für Erweiterungen und Informationszuwachs, stellt einen Wissenspool dar, der vielseitig angewendet werden kann: als Dokumentationsarchiv der Museen mit Option einer gegenseitigen Vernetzung, als öffentliche virtuelle Ausstellung für ein interessiertes Publikum und vor allem auch als Archiv mongolischer Kunst-, Religions- und Kulturgeschichte, insbesondere für mongolische Benutzer. Die Ausstellung müsste zumindest zweisprachig (Englisch/Deutsch) und nach Möglichkeit zusätzlich in Mongolisch, der Sprache des Herkunftlandes der Objekte, aufbereitet sein. Durch die digitale Zusammenführung der getrennten Sammlungsteile wäre ein wichtiger Teil des kulturellen Erbes der Mongolei dokumentiert, gesichert und zugänglich gemacht.

Mobiles Ausstellungskonzept

Das Konzept für eine reale Ausstellung soll für die verschiedenen Ausstellungsstationen anwendbar sein. Ziel einer Ausstellung der Sammlung Hans Leder ist das Zusammenbringen einer möglichst großen Auswahl von Objekten aus den eingebundenen Museen und ein Ausstellungsaufbau in diesen Museen und in Ulaanbaatar.

Diese „mobile" Ausstellung sollte so konzipiert sein, dass die Objektträger (Vitrinen, Rahmungen etc.) an sämtlichen betreffenden Orten anwendbar sind. Als Zentrum der Ausstellungen in Europa ist nach Möglichkeit eine eingerichtete Jurte geplant. Ergänzend zu den ethnographischen Objekten könnten „Lederi"[43] – von Leder gesammelte Insekten und Schmetterlinge – aus den Beständen des Naturhistorischen Museum in Wien präsentiert werden. Durch die daraus resultierende interdisziplinäre Zusammenarbeit wird die Vita des Sammlers, seine Leidenschaft zunächst für die Entomologie und später für die Ethnographie gezeigt.

43 Bezeichnung in der entomologischen Literatur für von Hans Leder entdeckte Insektenarten.

In der Ausstellung soll außerdem dokumentarisches Filmmaterial zu den Reisewegen und Stationen Leders einen Einblick in die sich wandelnde Geschichte der Klöster, Tempel, und sakralen Orte in diesem Gebiet vermitteln.

Sowohl virtuell als auch museal ausgestellt, kann die Sammlung in ihrer einzigartigen Homogenität als eine Art Bestandsaufnahme religiöser Alltagskultur in der Mongolei um 1900 präsentiert werden.

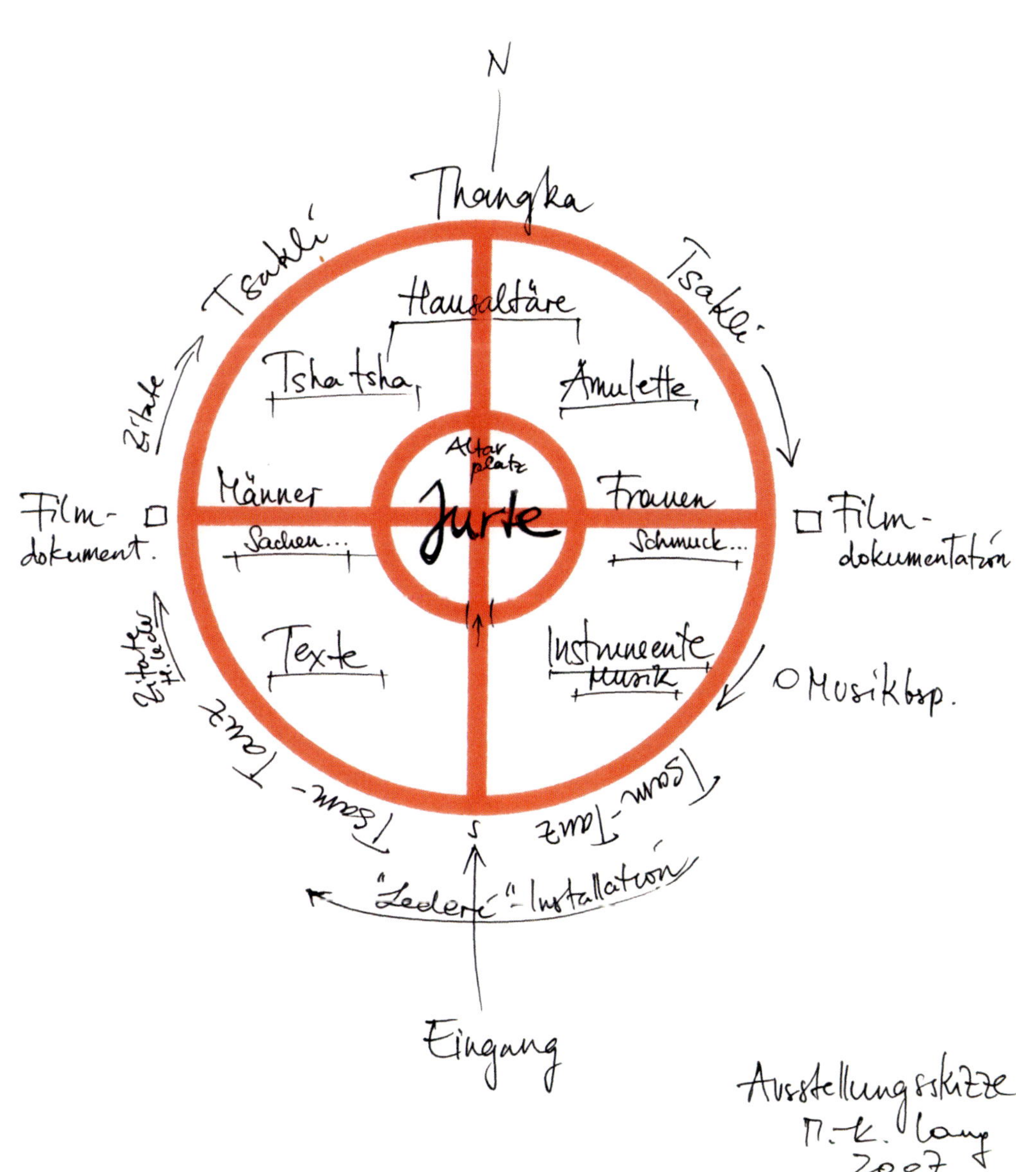

Bibliographie

Beer, Robert: *Die Symbole des tibetischen Buddhismus.* Kreuzlingen/ München, Diederichs, 2003.

Bentor, Yael: *Consecration of Images and Stupas in Indo-Tibetan Tantric Buddhism.* Leiden/New York, Brill, 1996.

Berger, Patricia & Bartholomew, Terese (ed.): *Mongolia. The Legacy of Chinggis Khan.* London/San Francisco, Thames and Hudson/ Asian Art Museum of San Francisco, 1995.

Birtalan, Ágnes: Traditionelle mongolische Religionen im Wandel. In: *Veröffentlichungen der Societas Uralo-Altaica*, Bd. 63, 2003, S. 15-21.

Brauen, Martin & Wilson, Martin: *Deities of Tibetan Buddhism.* Wisdom Publ., 2000.

de Nebesky-Wojkowitz, René: *Oracles and Demons of Tibet.* Graz/Austria, Akademische Druck- u. Verlagsanstalt, 1975.

Empson, Rebecca: Seperating and Containing. In: Henare, A., Holbraad M., Wastell S. (ed.): *Thinking through things. Theorising artefacts ethnographically.* London and New York, Routledge, 2007.

Grünwedel, Alfred: *Mythologie des Buddhismus in Tibet und der Mongolei. Führer durch die lamaistische Sammlung des Fürsten E. Uchtomskij.* Osnabrück, Otto Zeller Verlag, 1970. Neudruck d. Ausgabe 1900.

Heissig, Walther & Müller, Claudius (Hrsg.): *Die Mongolen.* Innsbruck, Pinguin Verl., Frankfurt a. M., Umschau Verl., 1989.

Hummel, Siegbert: Die lamaistischen Miniaturen im Linden-Museum. In: *Tribus,* Nr.8, 1959, S. 15-56.

Hummel, Siegbert: Die lamaistischen Kultplastiken im Linden-Museum. In: *Tribus,* Nr.11, 1962, S. 15-68.

Jackson, David P.: *Tibetan Thangka Painting: Methods and Materials. London,* Serindia Publ., 1988.

Jisl, Lumir: Hans Leder, ein vergessener Reisender. In: *Abhandlungen und Berichte des Staatlichen Museums für Völkerkunde Dresden.* Bd.22, 1963, S. 25-56.

Kara, György: *Books of the Mongolian Nomads. More than Eight Centuries of Writing Mongolian.* Bloomington, Indiana University, 2005.

Karmay, Samten G.: *The Arrow and the Spindle. Studies on History, Myths, Rituals and Beliefs in Tibet.* Kathmandu, Mandala Book Point, 1998.

Kelény, Béla (ed.): *Demons and Protectors. Folk Religion in Tibetan and Mongolian Buddhism.* Budapest, Ferenc Hopp Museum of Eastern Asiatic Art, 2003.

Lang, M.-K.: From insects to *burchans.* Hans Leder´s perception of Mongolia in the late 19th and early 20th century. In: Tumurtogoo, D. (ed.), *The Image of Mongolia in European and Asian Travel Literature,* National University of Mongolia, Ulaanbaatar, 2006, p. 43-50.

Lang, M.-K.: Ein Schmuckstück aus der Mongolei-Sammlung des Museums für Völkerkunde Wien als Ausgangspunkt sozio-kultureller Zusammenhänge. Diplomarbeit, Univ. Wien 1998.

Leder, Hans: Reise von Irkutsk nach Urga in der Mongolei. In: *Globus,* 64, Wien, 1893, S. 319-26, 343-49.

Leder, Hans: Besuch von Urga in der Mongolei. In: *Globus,* 66, Wien, 1894, S. 49-53, 68-72.

Leder, Hans: Reise an den oberen Orchon und zu den Ruinen von Karakorum. In: *Mitteilungen der k. k. Geographischen Gesellschaft Wien,* 38, 1894, S. 407-36.

Leder, Hans: Eine Sommerreise in der nördlichen Mongolei im Jahre 1892. In: *Mitteilungen der k. k. Geographischen Gesellschaft Wien, 38,* 1895, S. 26-57, 85-118.

Leder, Hans: *Das geheimnisvolle Tibet.* Leipzig, Th. Grieben´s Verlag, 1909.

Sattler, Martin: Die Kulturtheorie von Victor Goldschmidt. *Victor Goldschmidt Lectures,* 2005, Heidelberg, Völkerkundemuseum d. J. & E. v. Portheim-Stiftung, 2007 (3. Auflage).

Tsultem, N.: *Mongolian Arts and Crafts.* Ulan Bator, Bayarsaikhan (ed.), 1987.

Tucci, Giuseppe & Heissig, Walter: *Die Religionen Tibets und der Mongolei.* Stuttgart, Kohlhammer, 1970.

Vinkovics, Judith: Folk Religion as Reflected in Mongolian Objects. In: Kelény, Béla (ed.).: *Demons and Protectors. Folk Religion in Tibetan and Mongolian Buddhism.* Budapest, Ferenc Hopp Museum of Eastern Asiatic Art, 2003, p. 79-89.